华为传

一部中国式企业的浩荡成长史！

孙力科◎著

中国友谊出版公司

图书在版编目（CIP）数据

华为传 / 孙力科著．— 北京 ：中国友谊出版公司，2017.11（2020.1 重印）

ISBN 978-7-5057-4229-1

Ⅰ．①华… Ⅱ．①孙… Ⅲ．①通信企业－企业管理－经验－深圳 Ⅳ．① F632.765.3

中国版本图书馆 CIP 数据核字（2017）第 264362 号

书名 **华为传**
作者 孙力科
出版 中国友谊出版公司
发行 中国友谊出版公司
经销 新华书店
印刷 三河市冀华印务有限公司
规格 787×1092 毫米 16 开
19 印张 235 千字
版次 2018 年 1 月第 1 版
印次 2020 年 1 月第 7 次印刷
书号 ISBN 978-7-5057-4229-1
定价 48.00 元
地址 北京市朝阳区西坝河南里 17 号楼
邮编 100028
电话 （010）64678009

Contents | 目录

序 1

神秘的东方企业

很多外媒都喜欢将国内一批优秀企业的发展看成是中国经济发展的一个缩影，首先，和中国经济的发展一样，这些企业也经历过高速发展的状态；其次，两者都具有令人惊叹的经济体量和规模。在20世纪八九十年代，国内出现了一批优秀的公司，如华为、格力电器、联想集团、海尔集团，这些企业顺应时代的发展，也搭上了中国经济发展和扩张的便车，但是如今能够真正站在行业中的最高竞争舞台上，并具备国际级别竞争力的企业并不多见，华为就是其中之一，而且是发展势头最好、表现最为突出的企业。

作为一家民营企业，在时代发展的洪流中，华为一开始并不具备太多的生存优势。如果把时间拨回到1987年，我们就会知道它的处境有多么艰难。当年创立华为的时候，任正非只能筹集到2.1万元的资金，而在此之前他还因工作失误丢掉了工作，他的妻子也和他离婚了。在家庭、事业两不顺的情况下，任正非坚持创业，但整个企业处于没钱、没人、没技术、没市场、没管理的状态。颇为戏谑的是，任正非在创业时连企业的名字都没有想好，后来他看到墙上“中华有为”的标语，觉得还不错，就截取“华为”二字作为企业的名字。需要注意的是，在1987年世界卫生组织进行的招标中，海尔冰箱战胜十多个国家的冰箱产品，第一次在国际招标中中标，它的发展引起了国内外的关注；同一年，联想集团正式推出了联想式汉卡。

在几乎一无所有的状态下，任正非带着大家一起奋斗，当时没有资金，大家就节衣缩食，尽量减少开支，但即便如此，也经常会出现几个月领不到工资的情况，任正非甚至借高利贷来维持企业的正常运营。当技术缺乏并且遭遇竞争对手的技术封锁时，大家只好在最困难的环境中以最简单的工具一起摸索，一点点搞好技术研发工作。就是通过这一点点的努力和积累，华为才能够艰难地前行。

在那个国内市场正被思科、爱立信、阿尔卡特、朗讯、北电网络等国际巨头把持的竞争年代，华为的处境非常糟糕，几乎没有任何竞争力。1994年，华为公司成功研发出了C&C08数字程控交换机，并且将其快速推向国内市场。从这一年开始，华为开始走上快速发展的道路。可以说在短短几年之内，华为就成为中国市场的“领头羊”，不论是中外合资企业还是国际巨头公司，它们在中国市场上的影响力都被华为给比下去了。

在短短的30年时间里，华为的发展几乎与整个中国的经济发展同步，疯狂的扩张速度、令人惊叹的黑科技、强大的发展动力、完善的体系……所有的特质都让华为这家民营企业看上去是那么与众不同。2003年，思科公司的总裁钱伯斯这样评价华为：“在今后几年里，思科将只有一个竞争对手，它就是华为。”那个时候，思科正好被《财富》杂志选为2002年度最佳公司第一名，在过去12年的时间里，思科已成功击败了三代竞争对手，仅存的一些公司不是被思科并购，就是处于崩溃的边缘，但华为的迅速崛起让思科公司感到了威胁。

但是真正令人感到诧异的是，当华为快速发展和扩张的时候，并没有多少人了解华为，这家一次次缔造奇迹的跨国公司一直以来都表现得非常低调、神秘，这也是美国一直防备华为的原因。而外界也不理解荣耀加身的华为为何表现得如此低调，在一个充斥着有关苹果、三星、阿里巴巴、腾讯等企业的新闻的信息时代，华为的信息可以说非常少。

这看上去是一个悖论：一方面华为强大得让人感到恐惧，另一方面它却低调、神秘到让人惊讶。这就如同今天的西方人看待中国一样，中国正在变得越来越开放、越来越发达，但是在他们眼中，它仍然是一个神秘的东方大国，他们依然搞不清楚为什么在短短的几十年时间内，中国就能够发展到这样的地步。

在面对一个高速发展、高速扩张的华为时，西方人的反应通常都是一样的，羡慕、惊讶，又夹杂着恐慌，而对国人来说，华为已经成为中国企业走向世界、征服世界的一张重要名片。但是和西方人一样，我们可能也并不了解华为，尽管我们可以从互联网上获得越来越多有关华为的信息，市面上也出现了很多讲述华为和任正非的书籍，但事实上，有关华为我们一直都知之甚少。我们可能知道华为挣了多少钱，养活了多少员工，掌握了多少专利技术，发布了什么新产品，我们也知道任正非发表了什么讲话，但仅此而已。

华为是一家了不起的企业，但是它并没有向外界透露更多的信息，这是任何一个想要为华为写点东西的人需要考虑的问题，他们必须尽可能地描述出华为的全貌，必须尽可能地设定一个宏大的历史框架，与此同时也不能放过任何有价值的细节，而想要做到这一点太难了。有个朋友给了笔者很多关于任正非和华为的资料，让我对华为有了一个大致的了解。但这些资料在某些方面还是显得有些片面和局限了，脱离时代背景，脱离整体风貌来谈论华为，这等于切断了华为与这个世界的联系，抹杀了华为的整体性。华为的发展不应该只是一个教材案例，不应该只是一个个故事的拼凑，而应该是一部宏大的历史，从历史的角度来看待华为，从华为的发展来了解历史，这才是写作的一个基本模式。

正因为如此，在创作《华为传》的时候，笔者不得不想办法改变自己的思路。我没有一味地做调研，也没有一味地收集资料，而是从一些最基本的话题开始探讨。比如为什么在那么多合资企业、私营企业、国有企业中，只有华为成为世界级的通信设备制造商？为什么华为公司不上市就可以在资本市场纵横捭阖？

中国和美国在制造业方面的逆转是时代发展的必然，还是世界经济格局下各自最好的选择？华为公司在世界制造业和通信业格局的变化中，承担着怎样的使命，又拥有着什么样的时代特征？

还有一些问题是关于任正非本人的，作为一个出色的企业家，任正非为什么选择了难度最大的通信设备制造业，这是时代发展的必然要求，还是个人的偶然抉择呢？而作为中国企业中一个图腾式的人物，他又是如何在华为公司中一点点扩大自己的影响力的？为什么看似封闭、严谨的华为人会如此活跃？

只有解决了这些问题，我们才能更好地了解神秘的华为究竟是如何成长起来的，才能知晓华为发展的基本脉络和基本内核。但是正如前面所说的一样，一切都太难了，毕竟我们不应该仅仅回望过去，不应该仅仅专注于当下，华为还有未来，还有关于发展的各种可能性，所以弄清楚华为发展的内在规律，了解华为发展的内核与动力，我们才能在有限的框架和文字中，容得下华为公司，容得下一整个恢宏的华为时代。

序 2

“荣耀”时刻

在过去的一百多年时间里，由于缺乏工商业基础，缺乏资本，缺乏技术，缺乏人才，中国企业的发展一直都比较坎坷。改革开放的政策为中国企业的发展提供了一个契机，但是当大量的外资以及外国企业进入中国市场之后，中国企业实际上受到了巨大的冲击，想要获得发展和突破，它们必须自力更生。

在过去的三十几年时间里，自力更生一直是中国人坚持的重要原则，也是中国企业获得成长和成功的关键，可以说自力更生为中国企业的发展开创了一个繁荣的时代，当中国成为世界第二大经济体，成为世界上制造业最发达的国家时，就已经证明了一切。在这样的时代背景中，华为也一步步从小作坊开始，慢慢构建起属于自己的庞大的商业帝国。

2013年12月16日，华为公司正式发布了一款手机——荣耀3C，这款手机的机身上并没有任何华为公司的LOGO，只是在手机背后加上了一个新的标签“honor”。荣耀3C是华为推出的一款独立手机，因其低价耐用而备受关注。该手机线上销售一分钟即告罄，第二批产品也同样火爆。这款手机凝聚了华为人的心血，他们竭尽全力满足消费者时下的各类需求，既包括电池续航能力、信号服务质量和手机品质等传统需求，也包括外观、拍照性能、屏幕性能等个性需求。这款手机成为华为有史以来最畅销的一款手机，受到了市场的认可和欢迎。

不过更加重要的是，这款新手机的发布预示着华为公司创建了一个新的品牌“荣耀”，华为公司决定将这个品牌进行独立运作。而更深层次的意义在于，当荣耀品牌出现之后，预示着华为的崛起成为一种必然，预示着华为人对于公司发展的一种认可和期待。可以说荣耀品牌的独立，对于整个华为乃至整个中国民营企业群体来说，都是一个荣耀的时刻。

需要注意的是，在2013年，中共十八届三中全会召开，党中央发出了全面深化改革的动员令，上海自贸区开始正式挂牌，4G牌照正式发放，人民币境外市场显著扩大。更加开放、更加深入的改革为中国经济的进一步发展奠定了基础，在这样的经济发展形势下，变革成为一种必然。

伴随着华为荣耀手机的发布，华为迎来了真正的辉煌和荣耀时刻。2013年，华为的营业收入达到了惊人的395亿美元，一举超越了老牌竞争对手爱立信的353亿美元，荣耀品牌的确为华为带来了更好的荣耀。2014年，荣耀手机进入4G时代，当年的荣耀手机销售额达到了惊人的24亿美元，而2013年为1.09亿美元。在那一年，华为的营业收入达到465亿美元，基本上与思科公司471亿美元的年营业收入相持平。而到了2015年，华为以608亿美元的营业收入超越思科492亿美元的营业收入，一举成为全球第一大通信设备商，其中荣耀品牌手机的销量突破了4000万部，销售额也突破了50亿美元。

到了2016年，荣耀手机就卖出了7220万部，比华为手机的6570万部还要多，而华为公司的营业收入几乎达到了780亿美元（约5200亿元人民币）。单看数字我们可能不会有太具体的了解，换一种说法，也许我们能够更直观地了解华为的发展规模和取得的惊人成就：华为一年的销售额相当于7个小米、6个比亚迪、5个阿里巴巴、1.5个联想、5个中兴、5个长虹、20多个康佳。华为一举超越了此前一直学习和模仿的老大哥IBM，进入全球500强的第83名。可以说，在荣耀品牌手机一代又一代发展下去的过程中，华为也一直不断地发展和扩张。

现如今的华为已经将自己的业务拓展至三个主体领域，并且在各个领域内都成为领军者。在通信行业，华为是全球最强的供应商；在手机领域，华为是全球三大厂商之一（另外两家是苹果与三星）；在服务器市场，华为与戴尔、惠普三分天下。在动辄依靠国内市场份额来保障竞争力的企业群中，华为不仅成为全球电子通信设备的第一大制造商，还成为中国电子科技产业的“领头羊”企业，更令人吃惊的是，华为的海外销售量远超本土，它是一个真正依靠技术和实力来征服国际市场的强大企业。中国成为全球制造业产出最高的国家，但如果中国制造还龟缩在本土市场，那么迟早会被打上“廉价、劣质”的烙印，华为的国际扩张实际上是在中国制造大举进入国际市场的背景下进行的，而且它为中国制造打上了新时代的标签。从这一方面来说，华为是体现中国制造业成就的一个绝佳模范。

有位国企的董事长在见到任正非时说了这样一句话：“老任，你们靠低价战术怎么在全世界获得这么大的成功？”任正非摇摇头说：“你错了，我们不是靠低价，是靠高价。在欧洲市场，价格最高的是爱立信，华为的产品平均价低于爱立信5%，但仍旧要高于阿尔卡特朗讯、诺基亚西门子5%~8%。”说出这句话的时候，任正非的脸上满是自豪。

很多人仍旧喜欢用20世纪90年代的思维和眼光来评判中国企业的制造能力，但如今无论是电脑、汽车还是手机，中国企业在国外市场的售价都要高于国内，而支撑高价的一个重要原因就是拥有强大的技术保障。

2016年8月，一则“华为手机为南非商人挡子弹”的新闻刷爆了整个互联网，在此之前这类新闻的主角通常是苹果手机、三星手机，而如今华为手机的出现打破了这种定势。无论是否存在炒作的嫌疑，无论这是一个多么老套的宣传方式，当华为手机和“挡子弹”联系在一起的时候，更多的是科技实力的象征，是对中国制造的认可。很显然，在这场互联网盛宴中，所有的话题都显示出了华为的分量。

事实上，华为公司是世界上技术创新能力最强的企业之一，每一年申请的技术专利都位于世界前列，这样的成就得益于华为人的努力，得益于他们每年投入的巨额研发资金。世界前50的运营商中，有45家在使用华为公司提供的技术和设备，而且华为公司的产品和解决方案已经被全球170多个国家应用。2016年6月8日，在“2016年BrandZ全球最具价值品牌百强榜”发布的名单中，华为公司位列第50位。

从某种意义上来说，华为成为民族企业进军国际市场的信心来源，如果让中国人来选择最能带来民族自尊心和民族自信心的企业，那么华为绝对会榜上有名。这里并非有意贬低其他的企业，但华为公司在这一方面的确具有强大的说服力。2016年，当任正非提出5年内终端业务要超越1000亿美元年营业收入的口号时，华为既在享受属于自己的荣耀时刻，也在规划不久之后的荣耀，而华为也承担得起这份荣耀。

带着这份荣耀，我们可以重新回顾华为的发展历程。

第一章

从苦难中走出来

无论如何，生活已经慢慢迎来了一丝曙光，接下来，他需要做的就是确认自己是否有勇气和能力去抓住这样一个机会。

1.少年时代：父亲与母亲

很多人喜欢将任正非的经历称作传奇，而他一直反对这样的称呼，作为一个企业家，他坚称自己所做的一切都很普通，坚称自己只是一个平凡人，但是华为如今取得的一切成就都证明了他绝对担得起传奇的名声。有人认为任正非的传奇以创办华为为起点，但是一切还得从1944年那一场惊心动魄的逃亡开始。

1944年，一位在广州一家生产防毒面具的兵工厂上班的爱国青年装病托村里人用皮龙（类似于轿子）将自己抬到郑家坞火车站，然后乘坐火车离开。而此前的一段时间，国民党特务一直尾随在其身后，并且在前一天还试图抓捕他，好在他们扑了一个空。

为了彻底躲避追捕，他偷偷逃到贵州山区的镇宁县，过起了与世无争的生活。这个小县城唯一的亮点也许在于它靠近黄果树瀑布吧。在那个时候，大家还不知道，这个逃亡到贵州镇宁县的人叫任摩逊，是浙江金华浦江县黄宅镇任店村人，其父是金华有名的火腿肠师傅，算得上家境殷实。任家好几代都从事火腿肠制作，很少有人读书，而任摩逊算是家族里第一个考上大学的人，也是这个村子里出现的第一位大学生，也是中国最早的一批大学生。他就读于北平民大经济系，并且在那个开放的四九城内接触了许多新鲜事，也了解了许多时事政治，还参加过学生革命运动，是一个有思想、有知识、有爱国之心的热血青年。在国民党兵工厂担任会计的他因支持共产党，支持“全国上下一致抗日”的主张，遭到了国民党特务的抓捕，于是就有了之前逃亡的那一幕。

在这个偏僻落后的山区里，任摩逊认识了17岁的女孩程远昭，两个人情投意合很快成婚。1944年10月25日，程远昭生下了一个儿子，饱读诗书的任摩逊对于政治上的大是大非分得很清楚，所以直接将儿子取名为“任正非”，而在当时谁也没有想到，这个偏僻的小山村里日后将会出现一位在国际市场上叱咤风云的伟大企业家。

任正非的父亲是逃难到贵州的爱国青年，而他的母亲则是一位地地道道的贵州姑娘，两个人结婚时，她才只有17岁，仅上过高中。虽然她并不像任摩逊在大学期间所遇到的那些新时代的女学生一样，但也算是一个知书达理的女人。事实上，逃难生活让任摩逊背负了很大的思想压力。那个时候，日本在亚洲战场已经陷入了困局，他们在中国战场上也难以坚持下去，抗日战争在几个月之后将会以中国人民的胜利而彻底结束，而新的危机正在逼近。尽管这个远离尘嚣的山村似乎并未受到时局变化的影响，但外面世界的任何一丝变化，都让任摩逊的内心忐忑不安。

在这种情况下，程远昭不仅要负责一家人的饮食起居，还要安慰丈夫那颗不安的心，成为丈夫最重要的精神支柱。那个时候，在丈夫的影响下，程远昭开始自学，最后还成为一名小学老师。她白天在附近的小学教书，回家后则忙着洗衣做饭，并且还要空出时间来看书进修。

1949年10月1日，毛主席在天安门城楼上向全世界宣布中华人民共和国成立，这标志着中华民族的真正崛起，宣告那个落后挨打的时代彻底结束。此时，5岁的任正非对于外界所发生的一切都不知情，但他意识到父亲不再像过去那样长吁短叹，也发现母亲脸上的笑容比以往更多了，整个家庭就像一下子卸下了重担一样。任正非没有经历过战争，对于旧时代的一切都没有什么概念，但是新中国的成立还是为这个家庭带来了生机，而他在此后所经历的一切都和这个伟大的日子息息相关。

一切都在向着好的方向发展，夫妻俩相互扶持，恩爱有加，尽量给这个清贫的家庭注入爱和幸福。两个人结婚之后一共生下了7个孩子，这样的一个大家庭在那样的年代里自然过得非常清贫，但是整个家庭的氛围却很和睦。夫妻俩还要求孩子们努力学习，在那个连基本的温饱问题都没有解决的贫困年代，很少有人会要求孩子读书，但是任摩逊和妻子却一直在尽量丰富孩子们的精神世界，尽量为孩子们提供上学的机会。

父母亲都是知书达理的人，明白知识的重要性，在那样清苦的条件下，他们仍旧保持着对知识的热情与渴求，他们更希望自己的孩子能够读书，并且坚信这是改变命运的重要途径。父母亲时时教导任正非，并且将其送到附近的小学念书。

父亲经常向他讲述《三国演义》的故事，故事中栩栩如生的人物形象让他感到新奇和激动。除此之外，任正非了解外界的另一途径就是一台半导体收音机，在那个年代，这是大家接收信息的一个重要工具，而对于任正非来说，这里面有每天都会播放的《隋唐演义》，这才是吸引他的地方。历史演义故事为他展开了一幅幅群雄逐鹿的画面，满足了他童年对于英雄的最大幻想。

与任摩逊的忧国忧民相比，任正非的母亲程远昭则温婉安宁了许多，她在孩子眼中是一个慈母。少年时代的任正非非常贪玩，上树掏鸟蛋、下河捕鱼是他的拿手活，为了激励他用功读书，母亲特意给他讲《大力神》的故事，但是每次一讲到精彩之处，她就故意停下来不讲，除非任正非考到好的分数，她才肯将那“请听下回分解”的内容给续上。

上中学时，任正非在课本上看到了李清照所作的《夏日绝句》：“生当作人杰，死亦为鬼雄。至今思项羽，不肯过江东。” 第一次阅读后，他就立誓要成为做出一番大事业的英雄。几十年后，他创立了华为，并且带领华为成为世界上最大的通信设备制造商，那个时候，他的英雄梦一步步成真了。但在中学时代，他仍旧只是一个扎进书堆里的学生，只能做到书生意气，还远远做不到挥斥方遒。

新中国成立之后，时代的车轮已经在缓缓前进了，无论是体制还是大众的思维、生活都在发生翻天覆地的变化，任正非开始意识到周遭的变化，并且对生活和人生有了自己的思考。当时他已经下定决心到县城求学。

贫困让这个子女众多的大家庭面临着前所未有的压力，加上孩子们都已经长大，更加重了家庭的负担。

任家的7个孩子中，有2个男孩、3个女孩是在“三年自然灾害”时期成长的，贫寒和饥饿是常有之事。全家的经济来源只有任摩逊和程远昭的工资，其中还要寄一部分回老家，微薄的工资勉强维持家中9人的生活。父母在无奈之下只能采取分餐制度，食物、时间、劳力都成为必须分配的要素，只有这样，才能保证家中的每一个人都可以活下去。即便是这样，大家还是经常饿着肚子，于是刺果和蕨菜也成为食物，母亲将它们磨成浆、磨成粉来充饥；父亲则在山上开了一块地种南瓜，南瓜汤以及美人蕉根汤成为晚上的主食。饥饿无时无刻不在威胁着这个家庭，年少老成的任正非每天都饿着肚子，正上高中的他最大的梦想就是能够独享一个白面馒头，却始终不敢多吃一份粮食，因为他知道一旦自己多吃一口饭，多吃一口馒头，就可能会有一个弟弟或妹妹饿着。

这一段饥饿与贫困的经历，让任正非练就了顽强的个性，他开始习惯了如何在逆境中成长，这些都成为他人生中宝贵的财富，也为他日后的成功奠定了坚实的基础。艰难的生活并没有消磨一家人的意志，夫妻俩想尽办法供孩子们上学，尤其是成绩出色的任正非，他成为当时父母最大的期望。由于凑不齐学费，他们不得不去借钱让任正非上大学。

在那个贫困且动荡不安的年代里，任正非一家过得非常艰难，但即便如此，父母仍旧想办法给予孩子一切能给予的东西。正因为如此，这段最困难的时期反而成为任正非一生中最幸福的时刻。

但是在参加工作和创业之后，他陪同家人的时间也越来越少了。1995年，任正非的华为正在慢慢走出最初的困境，但他的父亲在昆明街头喝下一瓶购买的软饮料后，在腹泻中衰竭而死。一辈子都在遭受磨难的父亲以这样一种方式离世，这让任正非非常伤心。从此，他的母亲开始一个人孤独地生活着。

和天下所有母亲一样，程远昭时时牵挂着在外创业的儿子，时时盼望着能够和儿子见见面、聊聊天，也时常在电话中念叨着儿子的糖尿病、心脏病和饮食。她也关心儿子的事业，每次任正非向母亲汇报自己的工作成绩时，老人家总是认真倾听，满脸都是骄傲和自豪。

2000年11月，就在任正非去伊朗访问的时候，他的母亲却不幸被车撞伤，大脑严重受损。在经历停飞和转机、飞机延误的种种不顺后，任正非赶回昆明，而母亲也在见到他最后一面后离开人世。

联想起父亲和母亲一生的困苦，任正非非常懊悔和自责，痛恨自己没有花更多时间来陪伴和照顾父母亲，后来，他写下了《我的父亲母亲》一文，言辞之间充满了自责和感恩。他不仅从父亲、母亲那儿学到了知识，学到了做人的原则，也学到了应对艰难生活的勇气。可以说他的人格和性格的形成，和父母亲的教育有着很大的关系，而任正非日后的成功应当也有父母的一份功劳。他曾经说过："我的不自私是从父母身上学到的，华为之所以这么成功，与我的经营和管理的不自私有一点关系。"不仅如此，任正非一生低调朴素，并将这种特质灌输到华为中，这也是华为能够不断壮大发展的重要原因。

2. 有痛有乐的大学生涯

蔡元培认为："大学者，'囊括大典，网罗众家'之学府也。"大学对于现代教育的影响至深不容忽视，对个人发展产生的重要影响不容小觑，大学就是个包罗万象的所在，学生在这里开拓自己的眼界，练就立人之本。

从北洋大学堂开始，大学就开始在中国出现，从19世纪末期到20世纪20年代，中国大学迎来了发展的高峰期，全国各地兴办大学，办学质量也不断提高。清华大学、北京大学、南开大学、同济大学等一系列优秀的大学如雨后春笋般冒了出来，给莘莘学子提供学习的机会。

虽然中国发生了一系列的战争，但是大学还是被很好地保存下来，而且开始更好地承担起为国家培养人才的重任。待到任正非上大学时，由于国内形势比较稳定，大学在中国已经相对兴盛起来，科目比较完整，教学质量也得到了保障，这些大学为国家输送了大批人才。正是这些人才在各个领域发光发热，才使得中国能够从积贫积弱的困境中走出去，逐渐和国际接轨。

任正非能够上大学，一方面在于大环境的改善，另一方面在于他个人的努力。前面的内容也提到了这一点，由于父亲任摩逊是知识分子，母亲也在小学教书，两人对孩子的教育问题非常重视，而且千方百计想要让孩子学习，这对任正非的成长有很大的帮助。由于父亲曾经也是一名大学生，因此考上大学是任正非制定的第一个人生大目标，也成为一家人殷切的期望。

任正非上高中的那段时间正好经历了"三年自然灾害"时期，生活非常困难，经常吃不饱，即便到了1963年，任正非准备参加高考，贫困和大饥荒的影响依然没有退去。由于家里没有存款，没有多余的粮食，任正非长时间处于饿着肚子和营养不良的状态。为了不影响高考，他自己去挖野菜，然后用米糠拌了菜烙饼吃。但事实上，野菜的味道很不好，而米糠是猪饲料，味道也好不到哪里去。但即便如此，也总比饿着肚子要好一些。如今，孩子们根本无法想象当时的艰苦环境，尤其是对于那些没有经历过"三年大饥荒"的人来说，根本想象不到粮食的重要性，可以说粮食问题是那个时代最苦涩的记忆。而对于任正非来说，这种艰苦的岁月因为和人生的拼搏、家庭的和睦结合在一起，因此也算得上是痛并快乐着。

1963年，任正非顺利考上重庆建筑工程学院（现已并入重庆大学），任家又多出了一位大学生，这成为家里的一件大事。但接下来的一切又让任正非高兴不起来了，因为家庭困难，父母的工资难以养活7个孩子，大学的学费会是一笔很重的负担。不仅如此，当时上大学，一切生活用品都需要学生自带，这对任正非一家人来说是一个很大的困难，这个一贫如洗的家庭连一床被子也拿不出来。

程远昭是个很会过日子的人，她当时想到了一个办法，新人入学同样也是部分学生的毕业季，那个时候，很多家庭条件比较好的学生会扔下旧床单、旧被罩，这些完全可以收集起来使用。于是母亲在毕业生离开学校之后，收集了很多旧的床单和被套，然后拆拆补补，终于给任正非“凑”出了一床“百家被”。任正非深知母亲的不易和家庭的艰辛，当母亲亲手将缝好的被子交到他手上的时候，这个快20岁的小伙子忍不住哭了起来。

步入大学之后的任正非发誓一定要努力学习，回报自己的父亲和母亲。进入大学之后，任正非接触到了更多的知识，也接触到了丰富的大学生活，在这里，他所见到的、听到的、感悟到的一切都是此前未曾接触过的，也是家乡无法提供给他的。从贵州到重庆，从山区到山城，任正非在这条路上走得很辛苦，但是也走得很开心，这是截然不同的两个世界。大学里的一切都让他感到惊奇且着迷，新鲜的事物接踵而至，而他像一块海绵，竭尽全力吸收着周遭的一切。

就在任正非沉浸在新环境的喜悦当中时，家中传来一个不好的消息，父亲因为身份问题而受到了审查，并且被关了起来。在特定的历史条件和历史环境中，个人的身份问题往往会成为一个大问题。这一次人们以他曾在国民党兵工厂工作为由，认为他是一个反动学术权威、走资派、历史有问题的人，对他采取了各种严厉的审查措施。

颇具讽刺意味的是，当这些人冲到任家去抄家时，面对一贫如洗的家境，他们简直不敢相信。但是任摩逊并没有在那个“无产就是光荣”的年代获得任何同情，他每天需要接受各种盘查和审问。面对着肉体和精神的双重折磨，很多人不堪受辱而自杀，可是为了确保子女此后不会替自己背上政治的黑锅，任摩逊选择了坚持活下去，直到洗净冤屈的那一天。

任摩逊是一位有风骨的知识分子，他的口头禅是“面子是给狗吃的”，在那个荒唐的年代，他只能借这句话聊以自慰，但是个中屈辱实在令人唏嘘。其实任摩逊的个人遭遇是那个时代知识分子身上普遍存在的问题，在时代的风云变幻之中，作为一个相对特殊的群体，这些人的个人命运往往更容易受到时局的摆布。

父亲的不幸遭遇让任正非感到焦心，那个时候家里为了不影响他学习，一直瞒着这件事，直到几个月之后他才从同乡口中得知这个消息。他立即给母亲写信，希望告知详情，但是母亲一直没有回信。

对于这场全国性的运动，任正非多少有一点了解，有一次，他读到传单上的一句话：“干部要实事求是，不是的不要乱承认，事情总会搞清的。”于是将传单寄给母亲，希望他们能忍耐，同时怀有希望，等到真相大白，还父亲一个清白。母亲看后，将传单藏在饭中，送给被关押着的丈夫看。

为了让儿子安心上学，母亲将所有的压力扛在自己身上，她给任正非写了一封信，并且在信中说道：“要跟党走，要划清界限，争取自己的前途……党的政策是历史问题看现实，出身问题看本人，你不要受什么影响。”言语之中充满了乐观心态，但是任正非了解母亲的为人，知道母亲的这封信只有一个目的，那就是不希望他为父亲的事情担惊受怕，更不要因此而连累了个人的大好前程。母亲的举动让任正非感到羞愧、自责和难过，他已经迫不及待地要回家见一见父母了。

1967年暑假，任正非匆匆忙忙往家里赶，由于没有多余的钱买车票，他只得冒险扒火车回家，结果查票时被抓，还被打了一顿，最后被硬生生地赶下火车。中途下车的任正非不得已连夜走了十几里山路，终于回到久违的家中。

这时父亲虽然不再被关起来，但是审查的人随时随地都会找上门来将他带去盘查，在这样的情况下，父母在见到任正非的第一眼时，又惊又喜又怕，尽管他们非常希望可以多陪陪儿子，又因担心儿子回家会受到牵连，只好不断催促他赶紧离开，以免被审查的人误会。

临走前，任摩逊脱下那双陪伴自己多年的皮鞋交给儿子，同时还留给儿子一句话："记住，知识就是力量，别人不学，你要学，不要随大流。"这是一个一生都在与知识为伍的人留给儿子分量最重的一句话，在那样的年代，到处充斥着"读书越多越反动""打倒臭老九"的口号，知识分子往往会成为众矢之的，但是任摩逊仍旧坚定地认同知识的力量，仍旧坚守着一个知识分子最基本的信仰。

任正非看着父亲坚定地点了点头，声音有些哽咽。之后，他满怀心事地走了十几里山路，然后搭车回到学校。一路上他都穿着父亲送给他的那双皮鞋。后来，任正非提及此事，内心有颇多的自责和愧疚："我当年穿走父亲的皮鞋，没念及父亲那时是做苦工的，泥里水里，冰冷潮湿，他更需要鞋子。现在回忆起来，感觉自己太自私。"

等他到了学校之后，还没来得及收拾心情投入到学习当中去，相关部门的人就开始上学校来找他，原因很简单，任正非曾经"秘密"潜回家中，并且和有嫌疑的父亲私底下有过谈话，他们希望任正非可以交代问题。家里人担心的事情最终还是发生了，但任正非自认问心无愧，而且他多次声明父亲并不是什么反动分子，不存在身份问题。一伙人"浩浩荡荡"地走进学校，但是由于没有证据，最终只能不了了之。

这或许是任正非第一次直面这场运动，这让他对于生活、对于人生、对于社会有了更为深刻的思考，在困难面前，他听从了父亲的劝说，努力学习知识，不断丰富和提升自己。那个时候，他开始自学电子计算机、数字技术、自动控制等专业技术，他还抽空将高等数学习题集从头到尾做了两遍，顺带学习了逻辑学和哲学。不仅如此，任正非还开始自学三门外语，虽然算不上多么精通，但是也达到了可以阅读外文大学课本的程度。

在那个年代，知识也许是任正非唯一的寄托和安慰，也是他克服生活压力的一种手段，学习的确让他变得更加强大。由于家庭原因，任正非进入大学后一直都显得很孤僻，不愿意融入到别人的圈子里，父亲出事之后，大家更是疏远他，很少有人愿意与他交谈，一些人还会在背后指指点点，但知识正在一点点改变他的生活。勤奋好学的任正非渐渐吸引了周围一些志同道合之人，其中还包括一些教师，他们没有因为任正非是学生而轻视他，反而十分欣赏他的才学和刻苦的精神，甚至主动将自己收藏的诸多书籍赠予他。而此时的任正非也发现大家对自己更加热情，见了面开始主动打招呼，会说两句客气话，还开始关心他的生活。这种态度上的转变被他全然看在眼里，他一生中的几位挚友都是在这段时期认识的，这些人成为他一生的财富。

英国教育家纽曼将大学的意义总结为：“大学的职责是提供智能、理性和思考的练习环境，让年轻人凭借自身所具有的敏锐、坦荡、同情力、观察力在共同的学习、生活、自由交谈和辩论中，得到受益一生的思维训练。”任正非虽然身处动荡的年代，但是和父母亲一样，他始终对知识保持敬畏之心，这也是他日后成功的一个基础。比如在创业过程中，他就提出了“知本主义”的观点，认为知识经济将会是最重要的一种经济形式。

任正非的一生有几个重要阶段，其中大学生涯是他世界观、人生观形成的时期，时代的变迁，生活的影响，使得他养成了低调、朴素、执着、正直的品性，而这些品性跟随了他一生，成为他个人生活和事业上一个个重要的标签。

3. 军队生涯

1967年，任正非大学顺利毕业，准备进入社会大展拳脚，但是由于政策的变化，此时的他面临着分配就业的问题。当时他完全可以被分配到相关单位去参加工作，可是一直等到1968年，他这一届毕业生才开始分配。不仅如此，分配工作后的待遇也与之前有了很大差别，任正非和其他同专业的学生接到通知，只能去当农民和工人，而这一切与当初所学的知识简直风马牛不相及。进入基层接受锻炼无可厚非，但是让大学生去当农民和工人，这本身就打乱了资源分配的基本原则。

几番思虑之后，任正非决定暂时放弃分配，转而应征入伍。很显然，相比于当农民和工人，在部队更能锻炼一个人的身心，个人所学的知识也更有用武之地。这或许不是任正非最想要做出的选择，但在当时却是最好的选择。入伍前，任正非还在担心父亲的政治问题会影响到自己，所以报名之后，他一直很担心自己被审查小组从名单中给踢出来，但是对方并没有为难他。就这样，任正非正式成为一名军人。

由于受过良好的大学教育，任正非一入伍就被基建工程兵部队招收，成为其中的一员。这是部队新组建的一个兵种，主要负责国家重点工程的建设和国防任务，他们虽然鲜少直接参与到战斗中去，但所发挥的作用一点儿也不比那些冲锋陷阵的士兵小。周恩来总理曾评价他们说："劳武结合，能工能战，以工为主。"

刚到部队报到，任正非就接到了一项艰巨的任务，他所在的部队奉命参与011军事工程，这是西南地区的重点备战工程，主要负责研究、制造及生产军用飞机和航空发动机。这对任正非来说是一个好机会，满怀一腔热血的他早就有心投身于国家建设之中去。虽然在动乱中，国家的基础建设和经济发展受到了严重的影响，但是鉴于当时国家对国际环境的评估，以及外部势力的威胁日益增加，军队仍然是需要重点建设的，所以任正非还是比较幸运的，他可以在军队中锻炼自己并且发挥出自己的优势。

而且他所参与的011军事工程就位于离贵州老家不远的地方，离家近一点，他在心理上也获得了不少慰藉。对于那些初入军营的大学生来说，不适应的情况肯定会出现，而任正非正是靠着对家人的思念以及靠近家乡所带来的那一丝丝温暖安然度过这段适应期的。

部队中的生活和过去所经历的生活是完全不同的模式，在家里的时候，他是受到父母监督和疼爱的孩子，凡事可以依靠父母；到了大学，他变得更加独立，思想更加开放和全面，视野也极大地开阔了；进入部队之后，他学习军人的纪律性、忍耐力、执行力，成为顶天立地的男子汉，也开始以更高、更严格的要求来约束自己。

在分析华为的成功和任正非的成长时，在部队中的经历是一个不可忽略的内容，这段经历对于任正非的创业影响最大。实际上，在创业初期，任正非就将军队里的那一套思想和管理法则搬到了企业当中去。所以在华为的管理体系中，处处可以看到军队管理的痕迹，任正非身上也处处展示出军人的气质和风貌——雷厉风行的行事风格、不怕困难勇往直前的拼搏精神和以诚待人的品质。不仅如此，他还将这些特质融入到华为的企业文化当中去，可以说很多时候他都是以军队的管理模式来管理企业的。

在多年之后的一次内部会议上，任正非充分地肯定了员工的付出："没有他们的艰难奋战，没有他们的'一把炒面，一把雪'地去拼搏，没有他们在云南的大山里、在西北的荒漠里、在大兴安岭风雪里的艰苦奋斗……就不会有今天的华为。吃水不忘挖井人，我们永远不要忘记他们。"从这段话中，我们就可以看出华为人的工作状态，也间接反映出了任正非对华为员工的影响和期待。

尽管部队的生活很严格，也很艰苦，但是任正非却觉得非常充实，而且他并没有因此而荒废自己的学业。他发现自己过去学习的知识都来自书本，是一些理论知识，可是进入部队后，自己所接触的是立体的、活生生的知识，它们需要被运用到具体的实践中。为了将理论和实践结合起来，任正非意识到自己需要不断加强实践锻炼，同时也需要依据具体的实践活动，有针对性地学习更加丰富的知识。

正因为如此，在部队中，只要一有空，他就会拿起书本看，不断完善自己的知识体系。经过长时间的勤奋学习，任正非慢慢提升了自己的工作技能，而且成为部队里小有名气的发明家。除了有针对性地学习一些专业知识外，任正非没有忘记大学所学的那些知识，他的床头仍旧摆放着《资本论》《逻辑学》等书，其中还有一本《毛泽东诗选》。在那个时代，毛泽东是整个国家崇拜的偶象，无论是学生、工人、农民，还是医生、士兵，都对他充满了尊敬，在那种潮流下，任正非对这位伟人也同样充满了敬意。他不仅学习毛主席的诗词，还主动去了解他的思想，在后来的创业生涯中，他成功运用了毛泽东思想中的一些精华部分，为企业的发展、战略目标的制定、内部的管理提供了很多的指导意见。可以说，在他一生所做的很多事当中，或多或少都留存着一些毛主席理念的痕迹。

随着任正非的自我充电，他的很多发明不仅赢得了上级的关注，获得了几项专利，更重要的是有效提高了基建工程部队的工作效率，但是由于父亲的事情一直没有解决，任正非多少还是受到了一些牵连。部队领导愿意承认和使用他的发明，却没有给予他任何奖励。任正非后来回忆说："在我领导的集体中，战士们立三等功、二等功、集体二等功，几乎每年都大批涌出，而唯独我这个领导者，从未受过嘉奖。"

这对他造成了一定的影响，但是却培养了他淡泊名利、不争荣誉的豁达心理。不仅如此，他一直都希望能够申请入党，但是每一次的申请书都因父亲的身份问题而被人退了回来，为此，任正非亲自找到相关部门解决问题。之后，部队首长也开始重视和关心任正非的家庭问题，并主动督办对他父亲的调查，这样一来，任摩逊最终沉冤昭雪。

当父亲的政治审查过关之后，积压在任正非身上的重担一下子被全部卸掉了，而无论是父亲、母亲，还是家庭里的其他成员，也都在多年的煎熬中解脱出来。毫无疑问，任正非一家人是幸运的，他们最终从苦难中走了出来，熬过了这一段艰难的岁月。而与之相对应的是，"文化大革命"（1966—1976年）也开始慢慢接近尾声，一切都在向好的方向转化，新时代即将来临。

1977年8月，在中国共产党第十一次全国代表大会上，党中央正式宣布"文化大革命"结束，这个时候，国家开始着手恢复政治、经济、文化等各方面的事务，过去一些错误的政策和行为也开始得到调整，"拨乱反正"的工作全面展开。

“文革”结束后，任摩逊被放了出来，然后立即出任中学校长，投身到教育工作当中去，一直工作到75岁。1978年3月，33岁的任正非参加了全国科学大会，尽管此时的他还未被批准加入中国共产党，但是胜利已经在向他招手了。随后他又参加了中国共产党第十二次全国代表大会，这两次会议让任正非非常激动，但是最为开心的无疑是他的父亲任摩逊，他在“文革”期间一直遭受批斗，可是最让他放心不下的是任正非，他觉得是自己耽误了儿子的大好前程。因此当看到任正非和中央领导一起参加会议的照片时，他才松了一口气，并将这些照片放大裱起来，多年来一直挂在家里最显眼的地方。

但是任正非从未如此想过，他感谢父亲赋予自己生命，感谢父亲对他的教诲。更重要的是，随着国家工作恢复正常，父亲已经恢复了自由身，而自己对于今后的生活也有了更多美好的期待。

随着“和平与发展”时代的到来，国家实行了大规模的“裁军”。在大裁军的影响下，任正非的去留显然是个问题。但是鉴于任正非在部队中的出色表现，部队首长希望能够挽留这样一位有学历、有能力的技术骨干，所以准备安排他去军事科研基地工作。在当时那个年代，军事科研越来越受到国家的重视，像任正非这样的人才正是国家建设过程中所需要的，至于任正非本人，也倾向于继续留在部队。

实际上，此时的任正非已经在部队生活了16年，也奋斗了16年，在这个阶段，他积累了丰富的人生阅历和实践经验，学习到了很多东西。更重要的是，在这里，他可以更好地发挥自己的价值，也能够为国家做出更大的贡献。可是当他带着妻子和女儿去科研基地参观的时候，女儿突然说了一句话：“爸爸，这地方好荒凉啊！”

参军16年来，任正非所去过的地方大都是艰苦的、荒凉的，那些地方远离城市，工作的时候还经常风餐露宿，如今好歹有一个科研基地，所以所谓的荒凉其实都不算什么事，但是女儿的话引起了他的反思。其实真正荒凉的不是地方，而是人心，自从自己进入部队之后，就很少回家，家里人每天都在担心和盼望他，他们的内心才是荒凉的。

妻子孟军是四川省某省领导的女儿，与任正非相识后，虽然婚姻一直都很美满，但是两个人聚少离多，这让任正非感到愧疚。而女儿孟晚舟出生后，任正非越来越意识到自己应该多花点时间陪陪她们。一旦自己留在部队，那么就意味着妻子和孩子要继续和自己两地分居，还有日渐年迈的父母，他们同样需要有人陪。

女儿无意中的一句话彻底改变了任正非的想法，他意识到自己是时候离开部队了。如果说当初决定当兵是为了建设国家的需要，那么现在离开部队则是在国家建设与家庭生活中做了一个平衡。就这样，1982年，任正非离开了自己心心念念的部队，转业到深圳工作。

4. 失意中的曙光

1978年12月，中国共产党第十一届三中全会在北京召开，会议提出了实行改革开放的战略决策，并决定把党和国家的工作重心转移到社会主义经济建设上，随后福建、广东两省进一步获得更多支持政策，率先迈开了改革开放的历史性脚步。改革开放政策建立了社会主义市场经济体制，也让中国经济得到了空前发展。

改革开放极大地刺激了国内的市场需求，人们不再像过去一样只是关注温饱问题，而是开始关注生活的方方面面。开放的体制使得商业迎来了快速发展的时期，国家大力鼓励生产和商业活动，制定了相关的商业政策，并激励有知识的年轻人去经商创业。在这种背景下，大批人选择下海经商，中国第一批优秀的企业家就是在这个时候出现的，他们同其他千千万万创业者一样，共同创造了新中国经济的首次繁荣。

1982年，已经38岁的任正非和妻子、孩子一起来到深圳。当时的深圳还不是现在的模样，它还只是一个沿海的小镇，经济发展缓慢，人们只求温饱，从不奢求有朝一日能够繁荣发展，他们也从未想象过深圳在某一天会成为高楼林立、车水马龙的大城市。

但作为最先开放的一批城市，深圳是当时下海经商的人最佳的选择，特殊的政策、特殊的地理位置以及良好的创业环境，这些都让深圳成为那一代人淘金的乐土，任正非就是众多淘金者中的一位。在他这样的年纪，人们通常会寻求一份稳定的工作，毕竟自己需要为孩子以后的生活多做考虑，不能够再依靠激情和冒进去生活。

来深圳之前，他早就听说了相关的消息，可是来到这里之后，才发现一切与想象中的不同，考虑到自己以前上大学和当兵，其实都只是局限在一个特定的生活圈内，如今来到深圳才算是真正意义上的接触社会，而外面的世界显然超出了他的想象。在深圳，大家往往各谋生路，不在意他人的前途，也鲜有人顾全大局，即便是同一家公司中的同事也相互竞争，相互倾轧。与部队严明的纪律与团队合作相比，周围的环境让任正非很不习惯，也很不舒服。但是人近中年的任正非以惊人的适应能力适应了这里的生活，很快就融入了商场高速高效的经营理念之中，并对未来充满了期待。

任正非先是转业进入深圳的南油企业工作，在当时，这是深圳最好的一家企业，更重要的是，他的妻子是企业中的高管，这样彼此之间也好有个照应。正是因为如此，当任正非来到公司上班后，很快便引起了流言蜚语，他们认为任正非是靠着妻子的关系才进入公司的，根本没有什么真才实学，这让他和妻子一下子承受了很大的压力。为了消除流言的困扰，任正非唯有忍气吞声，暗暗下定决心要做出一番大事业。可是当时的南油内部官僚气息太浓，管理层根本无意拓展业务，也无意发展经济，缺乏大局观，大家都想着牟私利，只会在一些蝇头微利上斤斤计较。

任正非非常看不惯这些官僚主义作风，但是自己人微言轻，根本没有办法改变现状，既然领导们胸无大志，难有什么作为，那么还不如自己去当领导，想办法做出一点成绩。抱着这样的想法，任正非主动找到公司的老总，希望对方可以让自己打理公司下属的一家小公司。这一次的主动请缨遭到了对方的无视，即便任正非立下了“军令状”，但是对方仍旧以一些无关痛痒的话敷衍过去。

很快，有关任正非“自不量力”“野心膨胀”之类的流言在公司里越传越盛，那些直属上司纷纷排挤他，任正非的日子越来越难熬。老总有些于心不忍，于是让他做一家下属公司的副经理，职位并不高，但大小也算是一个领导职位。信心十足的任正非没过多久就走马上任，并且坚信自己可以做出一番好成绩，让别人刮目相看，可是现实的残酷远远超过了他的期望。

有一次，任正非经手了一笔生意，由于没有戒心和经验，他在送达产品后，有200多万元的货款收不回来。200多万元对当时的企业来说不是小数目，造成的影响可想而知，公司的高层对此非常生气，最终开除了任正非。

如果说之前离开部队时，自己尚有一丝期待，那么离开南油企业后，任正非剩下的则只有不甘、自责以及对未来的迷茫。对于一个40多岁的中年人来说，人生所能把握住的机会已经不多了。而且上有老下有小的现实状况，原本就容不得半点失误，如今失业之后，生活很容易陷入困境。

工作顺利的时候，家庭矛盾往往会被掩盖掉，可是一旦工作不如意，就会波及家庭，并将所有的矛盾全部激化。当时任正非已经将父母和兄弟姐妹接到深圳来住，一家人平时也算和谐，可是当家庭中的顶梁柱失业之后，所有的家庭重担一下子落到了妻子一个人身上，这时候，家庭摩擦已经不可避免地被放大。

心烦意乱的任正非和压力重重的妻子产生了很大的分歧，两人经常为一些琐事争吵，他待在家里的时间越长，矛盾就越大。事实上，妻子出身高官家庭，而任正非只是一个普通知识分子家庭的孩子，两人原本就处于不同的社会阶层。此外，任正非在部队待过，非常注重纪律和原则，而妻子常年在公司上班，身上的世俗气更重一些，两个人的某些理念也不可避免地发生了冲突，可以说他们原本就是两个不同世界的人。当矛盾爆发出来之后，这条不可逾越的生活鸿沟将二人的感情迅速消耗殆尽，两人最终以离婚收场。

来到深圳之后，任正非先是丢掉了工作，紧接着家庭也破裂了，这接二连三的打击让他的生活变得更加艰难。一般人可能会在挫折中丧失信心和勇气，但是军人出身的任正非并没有完全被击垮，他向来不害怕困难，只是担心父母和孩子以后跟着自己受罪，所以他也在一直提醒自己必须尽快振作起来，重新寻找出路。

很快他就找到了这样一个机会，那个时候他有个朋友正在做程控交换机的生意，程控交换机即存储程序控制交换机，是电话交换网中的交换设备，控制着电话的连接和交会。这种设备售出的前提条件是要有电话，当时电话在中国还没有普及，但是很多商人都看好这一市场，纷纷入驻，无奈市场没建立起来，加上很多人缺乏销售渠道和人脉，因此囤了许多货在手中，任正非的朋友便是如此。

当时任正非失业在家，没有事做，因此朋友就想到了他，更重要的是这位朋友知道任正非在过去曾是大企业中的经理，在销售和人脉方面多少会占据一些优势，因此就让任正非帮忙卖机器，并给予相应的提成。

实际上，这位朋友或许并没有意识到通信业当时正面临着快速发展的契机，他的程控交换机根本不用发愁卖不出去。果不其然，一段时间之后，电话就开始普及开来，不仅如此，手机的市场也在悄悄壮大。最先发现手机好处的是一批商人，他们发现一个砖头样大小的盒子能达到实时通信，节省了许多时间。而随着手机需求量的加大，交换机也迎来了春天。

对于任正非来说，当时的代理工作是一个可以暂时缓解家庭危机的工作，尤其是市场需求的不断加大，也让他的生意越做越好。凭借着敏锐的嗅觉和长远的目光，他意识到这个领域将会大有可为，这个时候很难说清楚他对未来已经有了一个比较明确的规划，但是创业的念头或许已经在他心中蠢蠢欲动了。已经做上交换机生意的他知道一些门路，于是就在深圳湾一个简易的出租房内，与其他合伙人共同创办了一家公司，这间由2.1万元创办起来的小作坊，就是日后大名鼎鼎的“华为”。

虽然只是一间小作坊，但是任正非与合伙人还是商定了公司的经营范围，大家主张将主要精力集中在程控交换机方面，但也不能放弃其他市场，比如火灾报警器、螺旋仪等。虽然公司刚刚成立，而且面临巨大的资金问题和技术问题，但即便如此，任正非也已经很开心了。对于职场和情场都不如意的任正非来说，人生的确显得有些晦暗，但一切都在慢慢好转。

最初创办华为的时候，任正非原本想做一些技术性强的工作，但是最后发现自己的技术根本派不上多大用场，所以只能做一些组织和管理上的事情，而这个时候他对于财务的控制更为严格了。由于资金缺口很大，任正非尽量把钱放到公司运营当中去，只拿出很少一部分钱贴补家用，因此一家人过得很拮据。为了帮助儿子渡过难关，任父任母也拿出当年面对饥荒的态度，勤俭持家。任正非曾经回忆那段时间，当时一家人挤在一间十几平方米的小屋里，做饭只能挪到阳台上，饭菜也少得可怜。父母会专门等到集市将要散去时再去买菜，通常都是一些被人挑剩下的菜叶，不仅不新鲜而且有虫蛀，偶尔改善一下伙食，也是去菜市场买一些死掉了的鱼虾，活鱼活虾根本不舍得吃。

但即便如此，任正非也非常开心了，事业的起步让他对人生有了更多的期待和憧憬，他与合伙人畅想着华为的未来。无论如何，生活已经慢慢迎来了一丝曙光，接下来，他需要做的就是确认自己是否有勇气和能力去抓住这样一个机会。

第二章

创华为：开局时代

在这座经济飞速发展的城市里，一群年轻人跟着一个进入不惑之年的创业者，追逐着属于自己的梦想。谁也不知道未来会怎么样，而且在当时的条件下，没有人愿意多想，但任正非不一样，从他创业的那一天开始就已经踌躇满志地想要做出一番大事业，并且坚信自己可以跟着深圳一起腾飞。

1. 从交换机做起

在整个发展史上，人类一直都在想办法克服距离带来的障碍和不便。为了能够走到更远的地方去，人们先后发明了船、马车、火车、汽车、飞机等各种各样的交通工具；为了更好地进行交流沟通，人们又发明了邮件系统和电报；而为了确保彼此之间可以实现实时通信，人们开始思考更为先进的通信方式。1876年，美国人贝尔发明了电话，这个通话工具的出现彻底改变了世界，但当时的电话通话条件却不理想，难以满足人们日常通话的需求。

直至1970年，法国建成了世界上第一台程控数字交换机，这才极大地提高了电话的工作效率，让人们的沟通梦想近在眼前。20世纪80年代后，程控交换机的研发技术日趋成熟，人们研发出一代又一代产品，并且开始在全球范围内使用。

与此同时，中国国内的电话开始加大普及的力度，此时的中国市场成为一个香饽饽，很多人都开始卖程控交换机，任正非和朋友创办华为就是为了在时代发展的潮流中分一杯羹。当时华为由于没有技术，主要业务还是做代理商，而他们选择的是势头很盛的香港HAX交换机，公司通过低价买入高价卖出的模式赚取中间差价。由于内地的市场需求不断扩大，加上香港那边的公司也急于扩大自己的影响力，因此华为的订单非常多，这为华为的发展积累了一笔资金。

有了资金之后，公司决定扩大业务量，可是任正非对这种经营模式开始产生怀疑，他发现虽然交换机市场行情很好，但就整个市场而言，大家售卖的交换机良莠不齐，深圳市场的产品大多是从香港运来的，有些则是贴牌生产的，这些产品没有太大竞争力。真正有竞争力且利润很高的是外国进口的产品，西方企业大举进军日益开放的中国市场，并且很快就凭借先进的技术获得了市场的欢迎。20世纪90年代，中国的通信市场完全被外商占据着，这些企业具有很强的实力和优势，垄断着市场和技术，其他公司想要生产同类产品必须支付高昂的专利转让费。国内一些实力强劲的企业与这些巨头企业成立了合资公司，而那些实力薄弱的小企业只能依靠仿制产品生存，由于技术水平有限，这些企业生产的商品质量不高，仿牌、贴牌货非常盛行。此外，国内企业只懂得仿制和生产交换机，但是相应的配套服务完全跟不上，客户想要安装一台电话往往要等上几个月的时间，甚至还要请客送礼，致使行业内的制度一度混乱。

目光长远的任正非意识到单纯地代理或者仿制别人的产品，只会让民族企业的竞争力越来越差，会导致市场越来越混乱，最终导致整个行业都被外商垄断和控制。他认为想要改变现状，就要发展与外商相抗衡的民族品牌，就要提高产品质量，提高产品的性价比，并将假货一网打尽。

任正非觉得这对华为来说，既是机遇，也是挑战。思考了一段时间之后，任正非决定不再代理程控交换机，而是让华为自己研发生产先进的程控交换机。其实早在南油工作期间，任正非就有远见地想到了交换机的市场。当时没有什么职位和具体工作的他向老总申请，希望可以负责研发数字程控交换机设备。在百般劝说之后，领导同意了他的提议，还特意批拨给他100万元的研究资金。但遗憾的是，由于缺乏技术基础，研发工作进行一年之后并没有取得实质性的进展。为此他向上级申请再研发一年，老总犹豫再三同意了这一申请，可是第二年的研发还没有出成果，任正非就离开了公司。现在，他有了自己的公司，有了比较固定的客户和一定的市场份额，而且对程控交换机市场也有了一定的了解，因此非常适合自己搞研发。

此举让合伙人非常不解，因为当时的生意越来越好，钱也越挣越多，华为在代理交换机方面的优势非常明显，大家都不愿意冒险。这样的担心不无道理，因为那个时候，国家的工业基础很薄弱，在相关领域更是落后西方一大截，即便是国有企业也没有信心打破这种垄断，所以放弃了在通信电子方面进行研发的努力。华为的实力比起那些国有企业差了很多，想要研发成功非常困难。

眼看着合伙人之间的分歧越来越大，任正非只能一个个上门劝说。他也知道目前华为的生意进入了正轨，在未来几年时间内还是可以挣钱的，可是几年之后，市场上的新技术、新产品不断出现，华为代理的产品就会落伍，而且最终会被淘汰掉。而事实也证明了任正非的猜测，在之后的几年时间里，产品更新换代的速度越来越快，那些当初和华为一样充当代理商角色的企业全部都被淘汰出局，那些仿制产品的企业也失去了生存的空间，只有华为在坚持自己研发的道路上坚持了下来。

其实，成立华为后，他与其他合伙人明显感受到了深圳商业非凡的增长速度。深圳有着良好的地理位置，既可以作为开放的前沿阵地，又背靠国内巨大的市场，再加上国家政策的扶持，在改革开放以后率先发展起来。这种增长速度被人总结为“深圳速度”，这个专有名词甚至成为中国谈及经济发展特有的一个名词，代表一种飞速增长的经济形势。任正非与合伙人身处“深圳速度”中，感受着其中的每一次脉动，自然比谁都要明白深圳的活力和发展潜力，如果此时不能够迎头赶上去，那么等到五年以后、十年以后，越来越多的竞争对手出现，就可能会被市场淘汰出局。

在任正非的努力劝说下，大家统一了意见，决定自己研发程控交换机。任正非则重新组建团队，改变发展方向，同时也开始向自主生产转型。不过研发的首要任务是招聘那些懂技术且志同道合的人，所以任正非招聘了许多和他一样从外地到这里打拼的年轻人，他在这群年轻人身上看到了朝气和激情，也看到了一股不怕输的拼劲。

由于没有技术积累，没有太多的经验可借鉴，研发工作非常辛苦，任正非不得不带领员工一起收集资料，市场上凡是有可取之处的程控交换机，他们都一一找来，研究透彻之后取长补短，用于研发交换机之中。往往一个成品找到之后会被切割成各个零件，然后大家围在一起研究零件以及内部构造，了解运作的原理，找出内在的缺陷和优点。一伙人非常投入，常常工作到深夜才入睡，躺下几个小时之后醒来接着弄。在高压的环境中，大家都承受着巨大的精神压力，但是没人敢放松。

对于员工来说，最大的困难就是吃住问题，毕竟很多员工是外地人，他们在深圳没有合适的房子居住，而公司又没有足够的资金为他们准备职工宿舍。于是任正非在仓库的一角垒起一道墙，在隔开的区域中放了几张床，这就是员工的临时住所。虽然临时住所过于简陋，但员工们知道这已经是任正非能够提供的最好的条件了，心里也都感激不已。后来华为搬到了更大的厂房中，紧接着任正非将厂房分为四个区域，一块仍然留给员工居住，另辟一块作为厨房，方便员工就餐，还有一块做仓库，剩下的地方都留给生产。在生产场地里，他又划分了几个不同的功能区——单板、电源、总测和准备四个区域，让员工各司其职，同时也方便掌控。

在这个吃住、工作、娱乐合为一体的狭小空间内，所有工作人员没日没夜地研发新产品，设计线路、点焊电路、调试机器，逐步完善不足，每当产品达不到任正非的要求时，只能再次修改调试。在这期间，他与员工同吃同住，长时间的熬夜让他的身体疲惫不堪，新机器还没有出来，他先累倒了好几回。

在这座经济飞速发展的城市里，一群年轻人跟着一个进入不惑之年的创业者，追逐着属于自己的梦想。谁也不知道未来会怎么样，而且在当时的条件下，没有人愿意多想。但任正非不一样，从他创业的那一天开始就已经踌躇满志地想要做出一番大事业，并且坚信自己可以跟着深圳一起腾飞。

有一次，他跟员工闲聊，当大家聊到未来的时候，任正非建议员工买房一定要买朝阳的房子，还要有宽敞的阳台。员工问他原因时，他豪情万丈地看向周围的员工，一股热血涌上心头，从容地说："因为将来大阳台可以用来晒分到的钱。"

在当时，这是员工们想都不敢去想的事情，但是任正非给了他们这样的憧憬，而这无疑激发了员工们的工作热情。在艰苦的环境中，任正非做了自己能做的一切，他没有太多的资金，技术也不过硬，但是却组建了一支团结的队伍，这些人后来成为华为十几万人大队伍的核心。

2. 行业的“破”与“立”

我们都知道，想要建立一个行业很简单，只要把握住该行业的特性，一日便可形成一个新的行业，但是想要改变一个行业却难如登天。毕竟企业通常都会按自己的轨道发展数年甚至数十年，想要让他们改变原有的状态和生产模式，并非易事。

对于华为来说，它从确定自主研发之后就开始谋求打破市场上的格局，就开始谋求打破行业内现有的趋势，当然，这对于一家没有背景、没有资金的民营企业来说很困难。尽管公司一直都在想办法研究其他类型的交换机，一直都在想方设法收集资料和改进技术，但距离研发出自己的产品还很遥远。

任正非一开始要求员工复制出与市场上一样的产品，想着先完全制造出现有的交换机之后，再开始创新。制造与市场上一样的交换机虽然不占什么优势，但在销售获利上也算可观。而且一开始，业务人员连传单都不用自己印，将其他厂商的宣传单抹去名称和电话，填上自己的就可以用，着实省了一笔不小的印刷费、宣传费。此外，自己创建的品牌不用再支付高昂的代理费，也不会再替他人做嫁衣。这种复制的方法也是一种无奈之举，作为一家从零开始的企业，华为想要一下子研发出独具特色、功能强大的交换机完全不现实。

任正非非常注重普通交换机的用户反馈，而且督促业务人员抓紧收集市场信息，他迫切地想弄清用户最想用的是哪一种交换机，这有助于他确切地了解研发的方向，生产出一款让用户满意的产品。在调查中，他发现了一个重要的信息，那就是用户既关注交换机的质量、设计，对于配套服务也十分在意，而多数用户买回交换机后，在使用、安装和后续保修方面往往得不到保障，这是市场混乱的竞争局面造成的。

这也是当时市场上的一个普遍现象，不仅仅是交换机，其他产品也是一样，其根源在于很多企业为了暂时的利润和市场份额，盲目追求市场，盲目扩大生产，结果导致了“重生产，轻管理”“重销售，轻服务”的情况出现。在市场开放的情况下，大量的商机开始涌现，但是市场秩序却没能规范起来，企业内部的体系也还不够完善，这些都导致了市场乱象的出现，这也是那个时代的一个重要特征。

任正非意识到服务质量不好在之后可能会对产品的销售产生负面影响，因此与合伙人进行商议，并迅速组建了一支两人的维修队伍，专门负责讲解交换机的使用方法并提供后续服务。在没有用户来咨询时，两人就回归到研发团队中，把用户意见反馈上来。这种身份和角色的灵活转变体现出了任正非的先见之明，但也表现出华为的无奈和困难。

与其他创业的企业一样，华为的自主研发之路走得十分艰难，就连基本的原材料供应都成问题。因为公司尚处于研发阶段，材料的起订量非常有限，而许多大工厂根本不会接这样的小单。当时的厂商大多定制整台机器，如果有厂商定制零件，起订量就会翻倍，这也是工厂的一种自我保护措施。一些愿意接单的小工厂，生产并不正规，材料的质量根本达不到任正非的要求，但华为只能无奈接受。

比如，华为设计的第一款交换机BH01，是24口的用户交换机，这是当时整个行业中最低端的用户交换机。该产品价格低廉，用处也有限，只能用在小型医院和矿山等要求不高的地方。任正非之所以选择这种使用有限的交换机，也是情非得已，本来他们想生产一款中端交换机，市场份额大，销售起来的难度小，无奈技术和原材料不过关，只能退而求其次，从基础做起。

BH01推向市场后，由于服务好、价格低，华为收获了一大批忠实消费者，产品的供应节节攀升，但出货慢、产能不足的问题却暴露了出来，许多客户迟迟见不到产品，开始产生不满。此外，资金也是一个大麻烦，任正非能省就省，就连最基本的检测设备也不舍得购买，他们使用最原始的方式进行质检：每个人检验产品的时候，手里拿着放大镜，用眼睛观察每一个焊接点，虽然增大了工作量，但也着实为华为节省了资金，让原本就紧张的资金链获得了缓冲的时间。

这足以证明华为当时的困境与辛酸，据说由于当时的工作压力大，有位工程师的眼角膜不慎脱落了，不得不离开工作岗位。治疗眼睛的手术需要很大一笔钱，华为的账户上却拿不出一分钱，而且就连员工的工资也已经拖欠了好几个月，任正非不得不咬牙借高利贷给员工发工资。

那一代人的创业史的确很艰辛，而民营企业家所面临的困难更多，但纵观商业史上的众多企业家，很少有人像任正非那样落魄。这或许是任正非创业生涯中最难熬的一段时间，但更多时候，人心的动摇才是最可怕的。试问一下，有谁可以在几个月发不出工资的工厂里上班，又有谁能够在需要借高利贷维持企业运营的情况下坚持走下去？只有华为人会这么做，只有任正非会这么干。

在资金压力压得大家几乎喘不过气来的时候，新产品的研发终于有了眉目，接下来只要华为能够将新产品投入到市场之中，那么就可以顺利回笼资金。为了区别之前的产品，同时给客户留下较深的印象，华为将新产品命名为BH03。这款产品比之前的产品更加先进，外观做了优化处理，技术和性能得到了一定的提升，重要的是，BH03里面的每块电路板的设计和话务台软件的研发都是华为公司自己做的。与此同时，任正非吸取了上一次的教训，在保证产能跟得上的前提下进行销售，从而确保不会浪费用户的时间。

1991年12月，华为自主研发的BH03交换机进行了各项测试，结果良好，效果远超过第一代产品，而邮电部的验收同样显示产品合格，华为的新产品还获得了邮电部颁发的合格证书。一切都朝着好的方向发展，任正非于是组织人员，紧抓生产。不久之后，第一批BH03顺利出货。

依托着过去良好的信誉、出色的质量、合理的价格以及优质的服务，BH03交换机还未进入市场就已经受到了用户的关注，公司也不遗余力地进行包装和宣传，使这款新产品被更多的人知道。在那之前，市场上最受欢迎的是国外交换机，不过它们的售价却高达1000美元，这是普通用户无法承担的。加上那个时候的电话安装费也高得离谱，电话成为一件奢侈品。而随着国产交换机的大量出现，很多人开始选择价钱更为便宜的国产品牌，其中就包括华为的产品。

BH01交换机和BH03交换机的出现显示了华为的努力方向，尤其是BH03交换机的出现让华为人变得更加自信，尽管他们还没有生产出一款足以媲美西方企业的产品，但是技术和资金的积累预示着华为迟早会打破西方产品的垄断地位。当BH03在市场上越来越红火的时候，任正非对华为的发展更具信心。

1991年12月31日晚，为了迎接元旦和华为的新生，华为全体员工在新仓库里开了个别开生面的餐会，庆祝华为在夹缝中顺利生存下来。当时任正非提出了一个伟大的设想，他希望华为能够“做一个世界级的、领先的电信设备提供商”。合伙人看着意气风发的任正非，心中不免有些担忧，毕竟当时的华为还远远不到“说大话”的时候，仅就当时取得的成就，在国际巨头公司面前根本不值一提，甚至连挑战合资企业的资格都没有。

合伙人劝任正非要切合实际，一步步往前走，他没有听进去，而是更加豪气地说：“10年之后，世界通信行业三分天下，华为将占一份。”此言一出，在座的人一个个惊得目瞪口呆，有人觉得他这是痴人说梦，有人觉得他缺乏自知之明，虽然大家认可他的能力，但是华为距离三分天下的梦想还有很长一段路要走，或者说这在当时的人们眼中根本不可能。

质疑也好，嘲笑也罢，任正非始终不为所动。郭台铭曾说：“在快速成长的企业中，领袖应该要多一点霸气。”任正非就是这样一个领袖，他有着常人难以比拟的魄力和自信，更有着长远的战略眼光，自从那一天许下誓言之后，华为就一直没有停止前进的脚步，而在10年之后，他真的带领华为实现了这个目标。

3. 做最具时代特色的产品

当BH03投入市场后，任正非比研发时更加寝食难安，由于不知道用户的反馈以及市场的反应，他始终不敢掉以轻心。直到过了一段时间后，市场对新交换机的反响非常热烈，华为上下才松了一口气。

任正非并没有因此而骄傲自满，目前取得的成绩固然让人满意，可是他也知道BH03交换机并不是一个完全意义上自主研发的产品，这款产品身上有着市场上很多其他产品的影子，而且这款产品同样有很大的提升空间，因此现下公司最重要的事情是继续投入到研发工作当中去，推出更新、更先进的产品，通过持续更新和创新来迎合用户的需求以及市场的变化，这样企业才能持续活跃在大众的视野中。

对于这一构想，其他合伙人与任正非的态度高度一致，他们都认为新产品的研发已经到了刻不容缓的地步。而且华为自建立之日起，就不是一家“君子”企业，他们少动口、多动手，马上开始招兵买马，做技术准备。

虽然是技术出身，但已经进入不惑之年的任正非已有许久没有研究过技术，他在华为更多时候担任的是组织者的角色，对于如今的技术问题他感到有些力不从心。此时，他想起了自己的大学生涯，大学是一个诞生前沿科技的地方，许多能够运用于生产的创新皆来源于校园。

任正非当时将目光瞄准了华中理工大学（现称华中科技大学）相关专业的教师，专门向他们请教交换机的问题。校方见到任正非如此执着真诚，也为了开拓学生眼界，组织师生参观华为的厂房，同时提供许多指导建议，双方还签订了合作意向。不仅如此，任正非还找到了清华大学寻求合作。有了这些高校的技术支持，任正非对于技术的积累更有信心了。

与大学的合作，让华为获得了许多技术，与此同时，还收获了很多人才。其中就包括当时华中理工大学一名留校的毕业生郭平，他当时也是参观华为厂房的老师之一，郭平是典型的技术人才，技术理论知识丰富，而任正非则是一位热情慷慨的企业家，两个人相互吸引、一拍即合。两个人第一次见面就深入探讨了关于交换机的一些问题，结果任正非毫不犹豫地将其聘为华为的技术骨干，不仅如此，任正非还任命他为项目经理，放心大胆地让他来负责交换机的研制，对于郭平的一切要求他都尽量予以满足。而正是在郭平的带领下，华为相继推出了第一代产品BH01以及第二代产品BH03，接下来则是BH03K。

在那个粗放型发展和大肆扩张的年代，大学生并没有被企业大量重用。一方面，很多企业不愿意招收大学生，他们害怕大学生缺乏实践能力而耽误生产进度；另一方面，当时多数企业都属于创业者一个人说了算的局面，他们往往采取独裁的管理方法，并且通常会亲自参与到一些运营和生产工作当中去，大学生根本就得不到施展才能的机会。而任正非则不那么想，他自己是大学生出身，也能够意识到知识的重要性，在他看来，大学生的先进技术、设计理念以及激情恰恰可以为企业的发展注入新的血液。

任正非对于郭平的重用，令华为有了技术保障，但更重要的是产生了吸引人才的连锁反应，随着郭平的成功，华为对于高校毕业生的吸引力越来越大。不久之后，郭平的另一位校友也加入华为公司，而正是此人让华为在技术创新上更上一层楼。这个人就是郑宝用，一个和郭平一样迷恋上华为精神的人。郑宝用不仅欣赏华为人的拼搏精神，还非常钦佩任正非的处事态度，正因为如此，他直接放弃了在读的博士学位，选择加入华为。

郑宝用的到来对华为来说相当于一针强心剂，很快，他就与郭平一同联手设计了具有跨时代意义的产品——HJD48。这种交换机不仅可以同时带动48个用户，体积减小很多，而且同样质优价廉。产品一经推出，消费者好评如潮，这款产品也成为具有华为特色的一款产品，较其他品牌的交换机优势明显。

市场的热烈反应引起了同行的嫉妒，同行纷纷在媒体面前批评HJD48不伦不类，但是消费者是明智的，他们始终对华为的产品抱有信心。HJD48的推出，让华为有了更足的底气，而郑宝用很快就被提拔为华为第一位总工程师，同时兼任副总经理。当时他的职责被形容为“只要是不生产、不发货的产品，凡是没做出来的产品都归郑宝用负责”。

与此同时，华为前进的脚步并没有停下来，郑宝用继续带领团队开发出HJD-04500系列，这款产品可以同时满足500个用户的使用。1992年一整年的时间里，华为相继推出几款新型产品，在性能和设计上高其他厂商一筹，是真正属于“中国制造”的交换机。优质的产品也获得了市场的青睐，因此在这一年的时间里，华为逐渐摆脱了小作坊的名号，组建起自己的设计和营销团队，生产自主品牌的交换机。也正是在这一年，华为的总产值突破1亿元，与当初2.1万元成立公司的资金相比，华为已经取得了巨大的进步，但对于任正非来说，华为应该追求更大的目标，即局用交换机。

实际上，任正非是一个非常敏锐的企业家，他总是能够及时准确地把握市场的变动，能够把握消费者的需求。在这之前，华为研发生产的几款产品均具有鲜明的时代特色，不仅能够满足密集地区的多用户同时使用，可操作性上也简便许多，可以说完全迎合了客户的需求和基本的国情。但是市场始终是变化的，如果华为停留在原有的地方，那么很快就会被市场上的其他对手甩开。在任正非看来，华为必须开发出满足大规模用户同时使用、保障在线时长和稳定性的产品，甚至在调节方面也要符合中国企业的使用习惯。这样的产品才具备竞争优势，才能够真正迎合日益成熟的市场要求。

任正非于是将目标客户定为电信企业，电信企业掌管着一个地区的电话业务，对于局用交换机的需求量大，质量要求也更高，它与原来研发的用户交换机的原理差距甚大，这对华为来说是一个不小的挑战。此外，华为还不是一家成熟的企业，全力研发局用交换机就意味着必将损失用户交换机的生产，也意味着失去原有的客户基础，而对于刚进入新领域的华为来说，还将面临着美国巨头AT&T公司的竞争。还有一个问题是资金，尽管华为依靠几款新产品挣了一笔钱，但是华为的开支非常大，根本没有周转资金建立新的厂房。

问题摆在所有华为人眼前，是继续专注于研发眼前的用户交换机，在现有市场的基础上盈利，还是冒险进入局用交换机领域，去赢得更大的市场？对于所有华为人来说，这样的选择都是令人纠结的，不过任正非始终觉得华为应该看得更加长远一些，而不能将自己束缚在某一个特定的、狭小的区域内。大家这一次选择了相信他的判断。

实际上，在20世纪90年代，中国经济迎来了一个高速发展期，那个时代经济形势与市场几乎瞬息万变，所有的企业都必须在发展的大潮中保持清醒的头脑，同时保持更宽广的视野，只有这样，企业生存和发展的机会才会增加。而华为在高速发展的状态下既保持了敏锐的市场嗅觉，也保持了很强的机动性和灵活性，没有束缚在以前的经营思维之中，从而确保自己可以时刻把握市场的动向。

虽然大家非常团结，但是想要真正实现转型太难了，局用交换机的研发将完全改变华为的生产和经营模式，华为也必须从原来的集中对个人服务转变为向集体提供技术支持。总而言之，一切都只能从零开始，但华为已经做好了放弃一切重新开始奋斗的准备。

4.改变危机的方法

鉴于华为过去所积累的技术和经验与局用交换机的研发并没有太多的关系，任正非明显意识到了研发的困难，所以他直接任命技术出身的郑宝用为此次自主研发的负责人，华为内除基础业务人员，所有的研发人员都任由郑宝用调配。这是前两次研发中不曾出现的情况，虽然之前的研发过程中，任正非会尽量满足郭平或郑宝用等负责人的各种要求，但是完全让负责人调配研发人员还是第一次。当时华为已有员工300多名，几乎所有人都清晰地感受到了弥漫在企业中的那一股前所未有的压力，任正非并没有特别强调这些压力，但所有人都明白此时的华为已经“如临大敌”。

为了确保研发更加顺利，任正非继续去大学招聘人才，尤其是软件开发方面的相关人才，而正是在这一时期，他认识了徐文伟。徐文伟是华为办公场所附近一家名为亿利达的企业的技术人员，任正非与他见了几次后，觉得对方经验十足，一定可以派上大用场，于是就想要将其招揽过来。但是徐文伟当时已经在亿利达工作多年，根本不愿意背信弃义。即便如此，任正非也仍然不死心，给他留下了一句话："华为永远有你的一席之地。"

后来，任正非再次向徐文伟发出了邀请，而此时的徐文伟在原企业的工作中有诸多不顺，又因被任正非的诚意打动，就加入华为研发部，专门负责芯片、总体技术、预研等工作，成为华为研发工作中重要的人物。除了徐文伟之外，任正非还在中国科技大学招收了毕业生王文胜，此人虽然没有工作经验，也从未经历过商场的种种风险，但却是一个出色的软件开发人才。刚开始研发时，冷静的郑宝用并没有大张旗鼓地组建团队，而是将原来跟着自己的技术人员组成一个十几人的小团队，主要负责前期开发工作，这个十几人的小团队被分为两个小组，一组负责硬件设备，另一组负责软件开发。任正非和郑宝用当时就让王文胜负责软件开发。

而受到重用的王文胜也不负众望，拿出了新人的那种工作激情，一头就扎入软件编写的工作中，没过多久，他就顺利地完成了JK1000的所有前台软件，这种工作效率受到了同行的好评，任正非更是坚信王文胜在不久的将来必定会在华为公司创出一番事业。

只有技术人员的支持还不足以开发出一款新产品，局用交换机的研发过程实际上是一个烧钱的过程。当华为不遗余力地将所有的流动资金都投入其中时，华为和任正非本人都承受着巨大的压力。大家并不知道最终会出现怎样的结果，而这个结果又是否能够带来好的效应，但无论怎样，任正非已经准备好破釜沉舟了。

在一次动员大会上，他站在五楼办公室的窗前对众人说："如果这次研发失败了，我就从楼上跳下去，你们还可以另谋出路。"这一次，任正非将自己和华为逼上了绝路，抱着"不成功便成仁"的信念去奋斗。而其他人将一切都看在眼里，也正是从这个时候开始，华为衍生出一种“垫子文化”。所谓“垫子文化”，是指在研发的过程中，员工们没日没夜地加班，很多人干脆将睡觉用的垫子搬到办公室，累了就在垫子上休息一会儿，养精蓄锐后再继续加班。这种文化成为华为最初的企业文化，也是华为人艰苦奋斗精神最直观的体现。

凭借着出色的观察力，任正非当时说了这样一番话：“处在民族通信工业生死存亡的关头，我们要竭尽全力，在公平竞争中自下而上地发展，绝不后退、低头。”而从大环境上来看，情况确实如此。在当时，各地的小企业依靠政策，如雨后春笋般冒了出来，外商持续霸占国内市场的现象正在萎缩，中国市场迎来小经济体的兴盛时期。与任正非带领华为人埋头苦干一样的是，此时的董明珠（格力总裁）正游走在珠海的大街小巷，推销自主品牌的家电，而柳传志正在为联想的新产品发愁。他们以小搏大，正催生着中国的自主品牌发展和新中国成立后第一批企业的出现。

经过一年艰苦卓绝的奋斗，新一代产品终于问世了，华为拥有了自主研发的局用交换机。这一次，由于是新产品，且面向新的客户，因此华为并没有沿用之前的产品系列的名字，而是取名为JK1000，意味着重新开始，意味着新的市场和机遇。

他们很快将产品送到国家相关部门进行审批。1993年5月，华为获得了邮电局的入网许可证。而在等待许可证的同时，任正非开始为JK1000推向市场做各种准备，当时他与几十家电信局联合创办了华为电气，将华为生产与电信局的建设直接接轨，这样就确保了华为在技术和市场方面扫除障碍，同时也可以实现双赢。

在正式发行前，任正非特意主持了营销会议，会上他慷慨激昂地说：“不被那些实力雄厚的公司打倒。”紧接着华为和华为电气开始安排销售工作，任正非要求各地的办公室主任直接负责新产品的销售，不容有失。华为公司也组织了各级销售人员学习新产品的性能，锻炼销售技巧，并在各地增加了宣传展台。

1993年7月4日，江西某邮电支局成为华为的第一个用户，接下来，越来越多的邮电局开始购买和使用华为的产品。就在一切顺风顺水的时候，一场意想不到的灾难正在向华为逼近。当时一家外国企业向电信局许诺“通信网建设一步到位”，这对电信局来说是十分诱人的提议，这种建设方法省时省力，许多发达地区率先采用这种产品，当时“一步到位”的思想也在全国流行起来。

还有一点，华为的局用交换机虽然能够成为行业领航性的产品，但这种大型交换机的使用局限性太大，属于过渡性产品，它并没有数字交换机便捷。换句话说，中国通信产业的发展远远超出任正非等人的预期，华为即便暂时领先，销售方面也会受阻。

从市场的角度来说，随着经济的发展和需求的增长，中国消费者不再像过去一样追求产品的质量和服务，对于产品的使用方法也有了更高的要求，而且开始期待产品的多样性。以通信产业为例，当电话传入中国时，出于对价格、功能的考虑，人们都抱着观望的态度，至1990年，中国的固定电话普及率仅达1.1%，而2000年已经达到了50%，10年时间增长了近50倍，这种发展速度是中国厂商始料未及的，他们用原有的知识和技术形态，必然达不到如今的要求，研发数字交换机成为一种必然。

电话业务的大爆发，让华为有些措手不及，而竞争者又开始打造新的营销模式和服务模式，华为的局用交换机一下子失去了用武之地。但是对于华为来说，JK1000已经研发成功了，公司不可能再次研发新产品，时间和资金都不够，眼下能做的只有继续推销JK1000，只有它获得消费者的认可，华为才有活路，否则大量的研发资金和精力都会打水漂，华为也会就此失去发展的机会。无论如何，华为到了自成立以来最危急的关头。

显然，任正非不会就此罢手，更不会坐以待毙。他专门给地方电信局开了座谈会，在会上他提出了自己的看法：数字化交换机固然好，但也必须因地制宜进行选择，对于一些贫困地区，数字化交换机太过先进，大材小用，不如现有的交换机经济实惠。

河南商丘地区的邮电局农话科负责人听过讲座后表示认同，但他也提出了自己的实际问题："商丘地区也上了一些用户机，但是不尽如人意，尤其是雷击问题更是令人头痛。"他认可华为的机器，但也提出自己的设想："这几天来，看了华为的机器，觉得华为交换机的性能比较完善……我们国家的通信正在发展，今后可能会采用数字微波，而现在我们用的是模拟中继板，到时不知可否换板，这样既可以更新我们的设备，又可以降低成本。"

对于他的问题，任正非毫不含糊，他说："对于使用了一两年之后的元器件已经老化完毕的，正好是进入青壮年时期，又可以半价转让给其他地方，何乐而不为呢？或者也可以通过整个农话局的维修中心，在全省范围内调剂。另外根据我们的市场预测，JK1000到2000年是不会落后的。目前日本1/3的交换机还是纵横制的，英国也将近1/3。"

任正非在外大力宣传JK1000，而且在1993年还卖出了200多套新产品。但是在外国竞争者的压迫下，任正非意识到华为的发展不可能持续下去。此外，华为也遇到了自身的问题，新产品虽然拥有相关部门颁发的证书，但在反复测试下，这些新产品还是出了问题，据许多用户反映，产品在使用中出现了着火的现象，一些严重的差点将机房烧着了。这些事件，不仅影响了华为在业界的名声，还连累了几位电信局的领导。

为了解决问题，任正非命当时的几个技术骨干组成专门的维修团队，不解决问题绝不回华为复命，还务必谨记：“在外面就是华为公司的代表，一定要让用户对华为公司留下良好的印象，言谈举止都要体现华为的风范。”鉴于当时选择JK1000的电信局多处于偏远地区，因此华为的维修之路异常艰难，但即便如此，华为还是拿出了自己良好的服务态度。

此外，华为的新产品出现这种情况并非质量问题，而是不适性造成的，他们设计的产品更适合在发达城市电路稳定、管线分明的地方使用，在偏远地区，由于电路系统复杂不明，很容易出现问题。

1993年下半年，维修团队在全国的各个乡镇走访，将JK1000出现的问题一一解决。其间，整个维修团队忍受着用户的白眼、忍受着长时间离家的寂寞、忍受着风吹日晒和酷暑严寒，在大家的努力之下，华为的形象重新树立起来，重新赢得了用户的信任。

华为一点点化解了眼前的危机，并且还收获了一些额外的好处，比如，通过为期半年的走访，研究团队还积累了其他企业不具备的经验，他们充分了解了普通用户的需求，尤其是偏远地区，这是多少份市场调查都不能换回的。此外，在维修过程中，华为表示，只要是华为的机器，无论何时都提供升级服务，这样的承诺为华为赢得了用户的信任。通过这次维修，华为开始在每个省建立一个培训点和维修点，不仅为用户提供维修服务，他们还为每一个人提供讲解服务，无论对方是否愿意购买华为的产品。

通过宣传，人们对华为的产品越来越了解，而此时的华为已在全国建立了29个办事处，慢慢积蓄自己的力量。可以说，当其他品牌还处于“温水煮蛙”的状态时，华为已经具备了下一步市场扩张的优势。

在那个年代，类似于华为这样陷入困局的企业不在少数，由于工业基础和技术基础非常薄弱，它们在市场上的竞争力非常有限。很多时候就是这样，当它们加大力度投资某种技术和产品时，市场往往已经先于它们一步发展了，消费者要求获得新的技术，用户要求获得新的产品，而这对于那些实力薄弱的企业来说是一个非常残酷的考验。也正是因为如此，随着市场需求越来越大，随着客户的要求越来越高，随着技术更新越来越快，一大批原本充满活力的企业在更新中被淘汰了。

在那样一种时代困局中，任正非唯一能做的就是坚持走下去，发挥出华为人最大的服务优势。如果华为对JK1000听之任之，如果任正非放弃JK1000，转而立即研发新产品，那么华为公司或许早就破产了。当然，JK1000始终只是一个过渡产品，随着它在市场上的销量不尽如人意，任正非意识到数字化交换机已经是大势所趋。

5. 同甘共苦的烙印——虚拟受限股

在华为大力发展技术的时候，华为内部开始推行一种非常特殊的分配制度——虚拟受限股，它是华为独创的一种股权制度，仅在内部发行，是公司分发给员工的一种特殊形式的股票。这种股权制度有一些显著的特点：首先，拥有虚拟受限股的员工能够享受华为的分红，却不享受一般股权拥有者的所有权和表决权，而且不必经过证券行业监督管理部门烦琐的审批程序；其次，这种股票只在华为员工之间流通，员工离开华为时，只能由华为工会回购股票。

虚拟受限股是华为在特定发展时期产生的特殊股权分配制度，因为华为在这一阶段严重缺乏运作资金，银行根本不会贷款给民营企业，在当时这几乎是一个歧视性的政策，而这让华为经常陷入资金不足的困境中。华为于是制定了一项内部政策——谁能够给公司借来一千万，谁就可以一年不用上班，而工资照发。可即便如此，华为的资金依然没有着落。有段时间公司开不出工资，任正非只能给员工打欠条，后来干脆就直接写欠多少股份，当时一股算1元，这种方式之后逐渐成为华为的常规集资和分配手段。

1990年，华为开始实行虚拟受限股，起初的认购价格是每股1元钱。到了1993年，其每股净资产达到5.83元，1994年为4.59元，1995年有所回落，但也达到了3.91元，而华为内部的认购价格仍然为每股1元钱。可以说凡是购买了虚拟受限股的员工，在年终分红时都能获得几倍的收益，巨大的利益诱惑着华为的员工，让他们甘愿为华为的市场扩张付出一份辛劳。

当时，按照规定，每年表现优异的员工可以获得认购虚拟受限股的资格，根据工作业绩确定虚拟受限股的份额，随后签订合同，合同由华为统一保管，员工可以根据自己的账号查询自己的持股数量。为了购买这些虚拟受限股，许多华为员工会在工商银行、平安银行、中国银行、建设银行办理为数不等的“个人助业贷款”。四家银行的深圳分行每年为华为员工提供高达百亿的贷款资金，这种贷款帮助华为员工获得企业内部的虚拟受限股，也帮助四家银行扩大贷款额度，拉动银行的业务能力，这项双惠的政策直至2011年才被叫停。

虚拟受限股不是任正非头脑一热临时敲定的，而是在长期经营中，由一个暂时的应急方法不断演化、完善形成的机制，它既符合华为当时的处境和管理规则，同时也符合当地政府的政策。在当时的发展条件和社会环境下，虚拟受限股为华为的发展提供了很大的助力，而且其本身具有很大的优势。

这种制度是华为的一种非常出色的融资手段，在华为资金困难的创业期，它帮助华为渡过许多难关，同时惠利于员工，可谓一举两得；虚拟受限股的体系让7万多名员工成为持股一方，实现了资金的持续滚动；虚拟受限股的员工持股部分占98%以上，任正非个人仅占1.4%，在巨大的分红鼓励下，员工的工作热情空前高涨，同时也吸引了许多外界人才加入华为，让华为整体焕发出活力。华为的虚拟受限股的发行不影响企业的控制权所属，受限股内没有任何外部资金的加入，也没有国有股，对于以任正非为首的管理层来说，虽然发放了股权，却并不会影响他们的决策。不仅如此，华为虚拟受限股的发行具有一定弹性，员工可以购买也可以退回，分红的发放与企业自身经营状况有关，不会因为外界的干扰影响股票升降。

虚拟受限股虽然有诸多好处，但也并非毫无限制。比如该制度实施的条件苛刻，对企业的发展是一种制约，对企业的现在和未来发展都有较高要求，毕竟一旦企业发展不达标，那么就承担不了高额的分红。而且，虚拟受限股被员工喜爱主要是因为回报，一旦企业的业绩下滑就会直接影响员工的购买欲望。事实果真如此，经过多年的经营后，虚拟受限股逐渐暴露出它的弊端，老员工已经积累了大量的受限股，而给新员工的受限股比例则逐年降低，这样一来，虚拟受限股对新员工的吸引力不断下降。受限股对于员工来说是一种吸引，也是一种负担，一旦企业的经营出现问题，原来的受益者则会成为最大的受害者。

此外，老员工随着年龄增长到了退休期，能为华为做出的贡献越来越少，一旦他们占着大量的股份，就会产生不公平问题。如果有众多老员工选择同时离开，对华为来说同样也是致命打击，这一切对于华为的稳定发展构成了威胁。

其实，社会上对于虚拟受限股有许多质疑的声音，受限股一经发行，就出现了很多批评声，这种声音主要集中在合法性的讨论上。对此任正非首次积极回应："我们虚拟受限股的实行是经政府批准的，有红头文件的，是合法的。历届中央首长都在关怀过问这件事情，看其能否促进产业发展，称其为中国特色社会主义的一种尝试。我们也经常去北京汇报执行情况，我们是遵纪守法的。”

同时任正非也承认：“但任何投资都是有风险的。”于是华为在购买虚拟受限股一事上放宽政策，让员工自愿购买，如果员工不看好虚拟受限股，也可以在买入后卖给华为工会，但是想要再次购买就必须遵从配股计划。华为一直在努力做到不让任何一名员工受委屈，也绝不让任何一名员工贪占太多，在虚拟受限股的发行上也是如此。

华为推出虚拟受限股之后，获得了大量的流动资金，许多企业纷纷效仿发行自己的受限股，实现资金链的完整，但也有一些企业用了些旁门左道的手段，进行非法集资，给社会带来诸多危害。为了规范企业的员工持股，深圳市政府出台了《深圳市国有企业内部员工持股试点暂行规定》，防止企业内出现股权的非法交易。

虽然华为虚拟受限股的制度并不完善，至今未有统一的意见，但从华为发行受限股20多年的时间来看，受限股已经成为华为内部的一项激励机制，在华为崛起的进程中贡献了巨大的能量。华为能够存活下来并发展至今，成为唯一一家非上市的世界500强企业，其中虚拟受限股功不可没。

任正非一直认为“财聚则人聚”，这句话也极好地阐释了虚拟受限股的功效，华为员工通过这种方式与企业联系在一起，一荣俱荣，一损俱损——员工更加卖力地工作，为华为创造业绩，也是在为自己创造收益。

当时大部分的中国企业还不具有惠利员工的心态，严苛的企业制度压榨着员工，让他们能获取的利益少之又少。相对而言，华为则大方许多，用真金白银留住员工，也留住了高新技术人才，让员工在工作中能够看到自我价值的物质反馈。从这方面来说，任正非是一个非常具有远见的企业家。

随着中国商业制度的完善和商业行为的规范，越来越多的企业开始给员工提供服务和利益，也让员工能够更好地参与到企业的发展之中，这几乎成为一个普遍的现象。而在当时的条件下，华为能够做到这一点的确难能可贵。我们不得不佩服任正非的这一创举，这也是他在当时那种条件下所能做出的一个最好也最聪明的选择了。虚拟受限股的发行在一定程度上为华为的开局时代奠定了资本基础。

第三章

崛起之机

华为公司在变幻莫测的中国经济形势下一步步坚持、一点点自我调整，依托着技术研发，逐步摆脱了过去那种在困境中谋取生存机会的艰难处境。而随着C&C08 2000门机的成功研发，华为有了更多与对手竞争的机会。在那之后，华为变得更加自信。

1. 依托技术，自主研发

JK1000并没有获得太多的市场，反而是数字交换机开始热销，这让任正非不得不动心。而且随着经济的增长，当时的中小企业越来越多，小型交换机的市场日趋饱和，虽然华为有一定的市场基础，但也不能在如此大的冲击下毫发无损。在这种情况下，华为必须尽快研发出属于自己的数字交换机。当然，对刚刚经历过波折的华为人来说，他们都意识到了自主研发绝对不是一件简单的事，它和企业的各个方面都息息相关，是一个庞大而复杂的工程，但华为已经无路可走了。

研发任务依然落在郑宝用身上，毕竟在过去的一段时间里，他每次的研发和工作汇报都会让任正非重新燃起对市场的希望。而为了确保这次研发的顺利，华为继续招兵买马，扩大研发团队，与之前一样，招得最多的还是大学毕业生，并且采取先培训后上岗的模式。

平心而论，华为当时的研发水平非常有限，技术积累还很少，一些简单的技术问题，他们也需要研究十天半个月，因此华为的研发是从每一个小零件、每一个小细节开始的。这几乎是当时中国企业面临的共同问题，它们并没有多少叫板国际巨头企业的资本，尤其是在技术方面，差距非常明显。

另一个困扰华为的问题依然是资金，由于JK1000并没有达到预期的销售目标，华为实际上处于亏损状态，而数字交换机的研发更是一个费钱的工程，因此华为的运营和研发工作举步维艰。华为将所有资金投在了新产品的开发上，员工的工资只发一半，另一半在年终的时候连同奖金一起发。在创业期，这种薪资分配的模式很常见。华为绝对不会亏欠员工的工资，每一分工资和每一分奖金都不会少，甚至在资金充足时还会多发给员工一些工资。可是由于新的研发工作占据了太多资金，加上研发工作压力比较大，新员工大量涌入，有许多老员工过年领完工资后便辞职了。

还有一些外地员工因为户口无法落实，在华为工作一段时间后，他们最终只能无奈地选择离开了。

任正非一直在想办法给员工创造稳定的工作环境和生活环境，可是在当时的条件下，他能做的并不多。

就在大量内部问题困扰着任正非时，一个不好的消息再次让任正非感受到了危机。从1993年起，有关部门进行金融和信贷结构调整，华为的贷款面临压力。

为了解决资金问题，任正非开始采取持股制度，实行责任共担、利益共享的模式。任正非意识到想要留住员工，想要发挥出他们身上的潜能，就需要给予员工更多实实在在的物质激励，为此他将公司的盈利所得按照比例分发给员工。他当时或许并不知道什么是分红，但是却建立起最初的分红制度，这也为后来华为分配制度的建立奠定了基础。

能想的办法他都想了，任正非在这段时间内苍老了很多，脸上的皱纹多了，白头发也多了，很多朋友都笑称当时的任正非看上去像是六十多岁的人。父母看到儿子日益憔悴，非常担忧，可是他们对于生意一窍不通，根本帮不上什么忙，只能在心中默默为儿子祈祷。

在这种高压状态下，任正非和所有员工一起奋斗了9个月，可是新产品还没有研发出来。这时候的任正非有些坐不住了，他给研发人员下了最后通牒，一定要在1993年10月间将产品拿出来。与此同时，在任正非的安排下，销售组的员工已经在谋划销售工作了。他们想让新产品刚一推出，就同时打响华为的品牌，以此形成连锁效应，让华为再次成为大众视野中的主角。对于一个产品尚未研发成功的公司来说，这样做显然会承担很大的风险，由此可见任正非的确具备常人难以想象的魄力和自信。

为了寻找合适的销售地点，销售人员在全国范围内奔走。而那个时候，义乌成为首选。1984年，义乌宣布对外开放义乌小商品市场，在那之后，义乌就成为中国经济快速发展的一个典型，并很快成为中国最大的小商品市场。在义乌，基本上家家户户做生意，使用电话的人很多。而另外一个优势就是，义乌只是一座小城市，不比北京、上海和深圳，那里的交换机竞争非常有限，对于华为来说，这是一个理想的市场。

瞄准市场后，销售人员迅速带着前几期产品先去拜访了义乌电信局，并给他们进行讲解，争取能够留下个好印象。但是几个月之后，技术组依然没有将产品完全研发出来，这时候的华为再也等不起了，公司临时决定将还没测试好的产品送到义乌电信局，结果测试的情况很不理想，这给所有华为人泼了一盆冷水。为了不失去义乌这个潜在的市场，郑宝用做出了一个大胆的决定，直接将研发团队搬到了义乌，大家边开发边测试。

1994年年初，郑宝用的研发团队终于推出了自己的首款数字化交换机，这就是著名的C&C08 2000门交换机。虽然这是一款赶工出来的产品，存在诸多问题，但是却凝结了当时华为所有人的心血，而且具有跨时代的意义。要知道，在这之前，中国并没有出现一款自主产品足以媲美国际巨头公司的产品，几乎所有的产品和技术都落后于人，而落后又给企业发展带来了很大的困难。但是华为经过努力，打破了这种不平衡的局面，虽然C&C08 2000门交换机在当时算不上最先进的产品，但却是一款最适合中国人使用的产品，无论是功能还是外观上都无可指摘。“终端采用全中文菜单方式，支持鼠标操作，并设计有热键帮助系统。界面清晰美观，操作方便，简单易学……”这些优点很快受到市场的欢迎。

这一次，就连义乌电信局也高度评价了华为的新产品：“我们以前安装的是上海贝尔公司生产的1240交换机。贝尔的同志早就说要开发每板16个用户的用户板，但直到目前还没有推出。想不到你们公司这么快就推出来了，而且工艺水平这么高，你们是走在了前面。”获得好评后，任正非在高兴之余，却不忘提醒员工：“交换机的优化工作要持续8年，要不断地接收用户的反馈信息，不断地改进我们的交换机，使它长期居于最先进交换设备的行列。”为了保住得来不易的市场，他还特意安排一支维修队伍留在义乌。

事实上，最早进入人们视野的是巨龙公司的HJD04大型数字程控交换机，之后深圳中兴推出了ZXJ系列，华为则推出了关键性产品C&C08系列交换机，其中以华为的产品最为先进。可以说C&C08 2000门交换机是华为历史上浓墨重彩的一笔，也是中国交换机历史上的一座里程碑。更重要的是，C&C08系列的出现改变了中国交换机厂商模仿的发展形态，让众多厂商意识到自主设计的产品也可以被认可，从而引领了国内的创新风潮，在那之后，市场上出现了越来越多的国产交换机。这些交换机的出现打破了中国市场长期被国外厂商垄断的局面，也降低了国内交换机市场的价格，交换机从原来的300美元至400美元一线降到之后的100美元甚至50美元。这种降价不仅让市场更稳定，也产生了良好的社会效应。

而对于华为来说，C&C08 2000门交换机的研发不仅带来了成功，更代表了华为人的一种信念和态度，正如任正非经常所说的那样："市场已没有时间等待我们成长，它不是母亲，没有耐心也没有仁慈。"正是抱着危机感，抱着置之死地而后生的决绝，华为才能够从困境中实现逆袭。

万通集团董事长冯仑在总结自己的创业过程时说过一段话："我现在知道一个企业都是从小长到大的，别着急，而且创业大概有一年半到两年是瓶颈期，特别难，然后突破瓶颈组织成长，组织膨胀、业务膨胀，然后陷入经济危机，这时迅速调整，调整过来就好了，调整不过来就死掉。所以我清楚，头两年要克服瓶颈，之后要控制组织，有了这样一套东西以后，我们心平气和了，知道一个企业要做大要有很多年时间。"

华为公司也是如此，它在变幻莫测的中国经济形势下一步步坚持、一点点自我调整，依托着技术研发，逐步摆脱了过去那种在困境中谋取生存机会的艰难处境，而随着C&C08 2000门交换机的成功研发，华为有了更多与对手竞争的机会。在那之后，华为变得更加自信。

2. 万门机与李一男

C&C08 2000门交换机的成功让华为人看到了发展的希望，但是在产品研发成功不久之后，有人就提议让公司继续研发万门机，从2000门到万门，这是一个重大的技术跨越，对于当时的华为来说，技术难度可想而知。与此同时，华为内部有这样一个声音：华为当时销售的主要市场在农村，乡级以下的电信局，2000门交换机足够用了，万门机的销量非常有限，恐怕会得不偿失。

当时有个年轻人建议公司要尽快研发万门机，他还特意找到了郑宝用，希望对方能够同意这个计划。郑宝用听了这个年轻人的话，很快做了回复："你们尽管开发，开发出来，我保证帮你们卖掉十台。"这个年轻人就是李一男，他在读华中理工大学二年级硕士研究生的时候就加入了华为，研发万门机的时候只有22岁，没有什么社会经验和阅历，说话声音很小，即便他在开会时发言，下面的人也根本听不清。不过技术出身的他拥有过硬的技术能力，很多人都觉得"他的一举一动都会影响华为的发展方向"。

事实就是如此，李一男在技术领域的能力和创新意识都是华为内部非常罕见的。有一次，华为无线研究部的总工准备向客户做技术汇报，他当时就邀请懂技术的李一男一同前往。那段时间正是李一男最忙的时候，两个人根本没时间进行事前的沟通。在前往会议室的楼梯上，总工只能将大致的内容对李一男说了一遍。没想到在会场上，李一男在客户面前把总工所说的精华部分阐述得非常透彻，很多新技术以及复杂的理论，在李一男三言两语的表达之下，变得简单易懂，这完全是建立在其出色的领悟能力以及强大的技术功底的基础上的。

技术是他真正吸引任正非的地方，所以在研发万门机这件事上，任正非也是全力支持。开发万门机时，开发部分为三个部门：模拟交换部、数字交换部和通信电源部。每个部门既各自独立，又相互交叉，共同在研发上发力，而李一男是任正非指定的主要负责人。

虽然获得了高层领导的支持，但是对于李一男来说，研发之路并不轻松。站在技术角度上来说，从2000门向万门机扩展，在当时的主要做法是用内部的高速总线将多个2000门交换模块连接在一起，上海贝尔的S1240以及富士通的交换机都是采取这种结构。李一男最初也选择了这种模式，那时候公开的总线标准速度最快的是Intel的Multibus II总线，所以李一男决定用Multibus 来实现万门机。紧接着他要求公司拿出几十万元购买相关设备，这在当时是不小的开支，很多人都明确表示反对，但任正非却毫不犹豫地批准了这个要求。可是设备买回来之后，李一男发现华为根本就没有技术能力来实现这么快的总线。

看到花费几十万元购买的产品打了水漂，华为内部有很多人开始指责李一男，但是任正非并没有将这件事放在心上。对于当时的情景，任正非早就有了心理准备，他曾经这样描述万门机的研发工作：“我们现在就像红军长征，爬雪山、过草地，拿了老百姓的粮食没钱给，只有留下一张白条，等革命胜利后再偿还。”

由于研发工作难度很大，任正非给予了李一男很大的信任和宽容，对其他的员工也经常给予一些力所能及的照顾，比如当时华为的食堂不用刷卡也不用付钱，只要在打饭师傅那儿报个工号就可以了，食堂还在经济条件有限的情况下尽量让员工吃得更好一些。在研发万门机期间，任正非要求食堂给员工提供丰盛的一日三餐，还在每晚九点后提供夜宵，一周七天，天天如此。不仅如此，他还非常注重劳逸结合，给员工买了电视和乒乓球桌等消遣物件，还建造了浴室。华为向来以严格的管理著称，但在研发万门机期间，公司实行宽松的管理政策，并不要求开发人员按时上下班，只要他们完成每日工作量即可，员工可以自由支配时间。

在任正非的支持和照顾下，李一男带着研发团队一直在想办法寻求突破，可是奋斗了很长一段时间也没有什么进展。当万门机的研究进入技术瓶颈时，向来自信的李一男也有些拿不定主意了，有一次，他对一位研究人员说：“我可能干不下去了，以后你接着干。”在这种艰难的环境下，一切都变得不可预料。

在无路可走之下，李一男和郑宝用决定换个思路试一试，这也是没有办法的办法，而且会让华为承担一定的风险。当时他们想到一个方法，那就是能否用光纤把多个模块连接在一起。在当时的技术条件下，这是一个非常大胆的想法，毕竟当时的光传输技术还不是非常成熟，在交换机中采用光传输技术的只有AT&T的5号交换机，谁也不知道华为能否成功连接多个模块。

大家本着试一试的原则，没想到歪打正着，顺利解决了华为的难题，C&C08数字万门机在不久之后就研发成功。不仅如此，光传输的试验也为之后相关的接入网、光传输产品的研发提供了思路以及技术基础。在那之后，华为不仅实现了技术大翻身，还开始在业界领先对手一步。

C&C08数字万门机是华为公司非常重要的一款产品，之后华为开发的诸多产品都脱胎于此，一些传输、移动和智能产品中都可以看到它的影子。C&C08也是华为第一个大规模进军市场的产品，它为华为的发展奠定了基础，为华为的转型奠定了基调。

万门机成功投入到市场后，李一男作为当时重大的功臣之一再次获得提升，成为华为甚至当时整个行业中最年轻的副总裁。华为内部纷纷猜测，有人说任正非将李一男作为自己的接班人来培养，也有人说李一男也许最具备接班任正非的资格。

可是在1998年，当李一男正要投入到一项新的研发中时，却被突然调离科研部门，而且事先没有收到任何通知。公司当时将他调往市场部，主要负责产品推广。其实，这是任正非有意为之，他希望李一男能够去市场部锻炼，这样就可以了解市场上需要什么产品，了解到华为应该研发什么样的产品。不过，对于一个技术人员来说，一下子被调离本职工作去做销售，心中免不了还是会产生疑惑。

2000年，李一男再次被调往新部门，这时候他心中的不快全部爆发出来，所以直接向任正非递交了辞呈。任正非意识到李一男可能误会了自己，于是进行百般劝说，但李一男已经心灰意冷，决意出走。眼看着自己欣赏的大功臣离开自己，任正非心中不免有些凄楚，但还是抱着祝福的心态为李一男举办了一个热闹的欢送会。在欢送会上，两个人都有些伤感，彼此说了很多话，也喝了很多酒，但宴席散尽，李一男毅然选择了北上。

其实，李一男为华为的发展做出了很大的贡献，尤其是万门机的成功研发直接改变了华为公司的发展状态，可以说华为真正意义上的崛起就是从万门机的研发之后开始的。即便李一男离开后带走了华为的技术、管理以及经营模式，并且还成为日后华为的劲敌，但是不可否认的是，李一男仍然是华为发展历程中一个不可忽视的重要人物。

3. 战术论

美国著名质量管理学家约瑟夫·朱兰博士曾说道："20世纪是生产率的世纪，21世纪是质量的世纪，质量是和平占领市场最有效的武器。"唯质量论的说法适用于许多产业，唯独不包括刚刚起步的中国通信业。

中国通信史上有过一段著名的"七国八制"时期，"七国八制"指的是八家企业，分别是日本的NEC和富士通、美国的朗讯、法国的阿尔卡特、加拿大的北电、比利时的BTM、德国的西门子和瑞典的爱立信。这几家企业长期盘踞中国的通信市场，还以高额的价格获利，让中国的电信产业在艰难的发展过程中付出了沉重的代价。

中国的通信事业崛起于深圳、珠海等地区，这些地方是改革开放的重点城市，无论是政府政策的扶持，还是地理优势，都给通信业的发展提供了很大的帮助。不过由于技术上的差距，在当时西方企业的围剿之下，民族企业的发展之路并非一帆风顺，有一大堆小作坊、小企业在挣扎中被无情淘汰，能够存活下来的中国企业只有那么几家。

就连华为这样的企业，能够存活下来也是历经一波三折。曾任华为市场部总监的江西生，在回忆华为的创业历程时，言语之中满是辛酸。比如在1993年，一家企业正在采购交换机设备，华为销售人员得知了消息，通过几个朋友的疏通，终于得到去见对方企业负责人的机会，他们还说服了对方来参观华为的生产基地。可客户来到工厂后却对华为的生产环境感到不满意，最终生意告吹。

还有一次，任正非已经与对方签订了合同，但当他继续向对方介绍自己的产品和企业发展状况时，对方却有些不耐烦地对他说："既然你们的设备比朗讯、西门子的还厉害，那你们怎么不卖到国外去？"这样的提问让任正非感到无所适从，也凸显出了华为尴尬而艰难的处境。双方的合作也因为这样一个问题而破灭，这成为任正非心中的一个结。为了解开这个心结，他只有不断督促华为人进步，并且付出了更多的努力。

但付出并不意味着收获。在最初的时候，为了签下一份合同，销售人员竟然在一年时间内就跑遍了全国500多个县，他们扛着机器到处演示，希望能多签一个订单。这份投入和执着着实令人敬佩，但是也免不了失败。比如，为了顺利拿下伊春电信局（中俄边境）的订单，华为派出了骨干团队前去接洽。当时正值寒冬，零下40多摄氏度的天气让一群南方的团队成员吃了不少苦头，可他们还是坚持在伊春待了半年多的时间，进行了几十次的技术交流，不断讲解和调试。尽管大家都很努力，但最终还是失败了，当时在场的几个男子汉抱在一起痛哭起来，心酸、无奈、不甘，种种情绪萦绕在每一个人的心头。

对于这一切，任正非看在眼里，他能够体谅华为员工的心情。在一次会议上，任正非感触良多："华为茫然中选择了通信领域是不幸的。这种不幸在于，所有行业中实业是最难做的，而所有实业中，电子信息产业是最艰险的；这种不幸还在于，面对这样的挑战，华为既没有背景可以依靠，也不拥有任何资源，因此华为人尤其是其领导者将注定为此操劳终生，要比他人付出更多的汗水和泪水。”

为了更好地把握住市场，任正非要求华为发挥出自己的优势，首先是人数优势，当时华为制定了著名的“压强原则”， 这一点在《华为基本法》中做了明确的规定：“我们坚持‘压强原则’，在成功关键因素和选定的战略生长点上，以超过主要竞争对手的强度配置资源，要么不做，要做，就极大地集中人力、物力和财力，实现重点突破。在资源的分配上，应努力消除资源合理配置与有效利用的障碍。”

比如在1998年，华为与爱立信公司一同争夺黑龙江的市场，由于爱立信具备更大的技术优势和实力，因此华为不得不提供更多的资源。当时华为一共派出了220人去拓展业务，而爱立信驻黑龙江办事处只安排了四五个人。在这220人的努力下，华为成功抢占了黑龙江的市场。

在华为发展的初期，几乎在每一次参加通信展览时，别的公司只安排1个人来接待客户，而华为却特意安排10个人规模的接待团，这10个人分工明确，服务周到，彼此之间完美配合，大家群策群力为客户提供优质服务。有家企业曾经和华为一起竞争河南市场，可是进入市场后，不无感慨地说：“这是一场你很难赢得胜利的竞赛，因为你会发现自己面前永远站着一群华为人。”据说，在开发河南市场的时候，由于竞争力不占优势，任正非干脆一声令下，让分布于各地的上千名销售人员全部放下手中的工作，在几天之内赶到河南聚集，结果华为很快就占领了市场。

在成熟运用人数优势的前提下，华为提高了谈判与销售的机会。竞争对手曾这样描述华为公司：“他们的营销能力很难被超越。人们刚开始会觉得华为人的素质很高，但对手们换了一批素质同样很高的人，发现还是很难战胜。最后大家明白过来，与他们过招的，远不止前沿阵地上的几个冲锋队员，这些人的背后是一个强大的后援团队，他们有的负责技术方案设计，有的负责外围关系拓展，有的甚至已经打入竞争对手内部。一旦前方需要，马上就会有人来支援。”

其次是价格优势，接二连三的挫折和失败，加上激烈的竞争环境，让任正非意识到单纯的努力和付出并不一定会收到很好的效果，华为必须拥有更吸引客户的东西，而最简单的做法就是更低的价格。因为农村市场以及一些中小城市的经济发展水平有限，无法承担太多的费用，而且华为本身也不占太多的技术优势，因此华为想要赢得市场份额，就必须在价格上打出优势，这样才能吸引农村市场的关注。正因为如此，华为的交换机设备价格比那些通信巨头的产品更加便宜，而且相关的安装和服务费用也更低，这对很多经济不发达的县城市场具有很大的吸引力。

在确定人数优势和价格优势后，华为还尽可能为客户提供优质的服务。比如华为的售后服务非常到位，只要客户有什么要求或者产品出现了什么问题，华为公司一定会在第一时间帮忙解决问题，甚至不是自己的客户，华为也乐于帮忙。1996年春节期间，河北张家口电信局突然出现网络瘫痪，虽然这并非华为的客户，但正值节假日，而且天寒地冻，设备供应商根本不愿意出来维修，情急之下，他们只能求助华为的用户服务中心。虽然不是自己的客户，但接到求助的华为迅速响应，派工作人员去现场排除故障。看着华为仗义相助，电信局的人非常感激，在这之后，河北张家口电信局所用的设备也逐渐换成了华为的设备，并且成为华为最为忠实的用户之一。

不仅如此，华为还本着诚信原则与客户打交道，华为在竞标之时会主动将产品的优势、劣势告知客户，绝不会隐瞒什么信息，比如器械的使用期限、日常工作中可能存在的问题，华为的工作人员都会如实相告，尽量做到透明化。有很多客户就是因为觉得华为做生意讲诚信，才愿意签订合同。一些签订合同的客户，华为也坦诚以待，不仅收集到了对方的信息，也赢得了对方的尊重，这就为日后的合作奠定了基础，也对华为的研发和营销产生了强大的推力。

全球几大巨头企业常常自视甚高，它们一般只愿意和客户企业的管理者对接，与其他行政人员、执行人员接触较少，态度非常冷淡。而华为则不同，只要是目标企业的工作人员，无论官职大小，都以礼相待、热情服务，从底层走出来的华为知道，一个企业的核心力量并不是那个高高在上的经理，而是无数个辛勤奉献的一线员工。这种热情与真诚的态度让华为赢得了客户的信任，很多企业的中低层人员甚至向公司高层建议一定要购买华为的产品。

很多人认为华为“用三流的产品卖出了一流的市场”，实际上指的就是华为在营销方面的巨大优势，他们拥有更多的人、更低的价格以及更好的服务，这些足以让华为原本不具备技术优势的产品一点点占据国内市场。对此，任正非自己也承认：“华为的产品也许不是最好的，但那又怎么样？什么是核心竞争力？选择我而没有选择你就是核心竞争力。”

在那个年代，多数中国企业都受制于技术瓶颈，无法突破外国企业的技术垄断。为了能够在市场上生存下去，这些企业只能选择低价策略，只能在服务上多做文章。这是当时中国企业普遍的困局，虽然企业最终还是要依靠良好的技术和产品说话，还是要靠产品来吸引客户，但在特定时期内，价格以及服务优势还是可以俘获一些小市场上的客户的。

华为就是如此，它本身并没足够的技术优势，完全就是依靠强势营销来带动市场份额，而这确保了它能够在一轮又一轮的市场洗牌以及冲击中生存下来。

4.“巨大中华”

在“七国八制”时期，外国企业拥有绝对的领导权和掌控权，但是随着民族企业不断崛起，这些巨头受到了更多的挑战，其中中国本土已经产生了四家有实力的企业，它们被称为“巨大中华”。

“巨大中华”中的“巨”，指的是巨龙通信，它由中国邮电部门下属八家企业共同投资创办，属于国有集团化的企业；“大”，指的是大唐电信，由电信科学技术研究院控股，是一家具有科技和生产能力的企业；“中”，指的是中兴通讯，是侯为贵创办的企业；而“华”，指的就是华为。在这四家企业中只有华为是民营企业，其余的三家均是国有企业，而华为的起步比较晚，遭受的竞争压力也最大。

“巨大中华”的出现代表了中国通信产业的崛起，也代表了国有市场的合理化发展，毕竟在“七国八制”时期中国的通信产业局势混乱，由于各国制式不同，造成了不同制式间难以联络沟通的局面。中国虽然建立起了当时世界第二大的通信网，但质量有待提高，而“巨大中华”

的出现有望改变这种局面。

不过，当时国内还没有出现能够完全挑战国际巨头的企业，因此四家国内企业都意识到正面击退外商根本不可行，它们都不约而同地选择了“农村包围城市”的战略：从最基层的业务开始做起，到最困难的地方去推销自己的产品。

华为是最先制定“农村包围城市”战略的企业之一，当时它不缺乏研发能力和产品，缺的是市场，由于没有任何背景，也没有太多优势，华为与国际巨头企业在正面竞争中不能占到丝毫便宜，如果贸然与之发生竞争和对抗，那么华为将不会获得太大生存的机会。在这种情况下，任正非意识到，既然城市里已经挤满了竞争者，那么华为为什么不尝试着另辟蹊径，打开小城市的市场呢？

其实，通信设备市场是一个周期较长的市场，一旦电信运营商选择了与某一家设备商合作，就会在很长时间内保持这种合作关系，并接受设备商为其提供设备的安装、维护和更新等一系列服务。那些跨国电信设备商许多都是百年企业，无论从产品性能还是质量来说，都具有很强的优势，这对于需求更旺盛、发育更成熟的大中城市市场来说，具有很大的吸引力，因此国内设备商只有一条路可走，那就是去开发那些它们无暇兼顾、需求零散、维护困难的农村市场。

经过调查和分析，任正非进一步坚定了自己的想法。首先，小城市资源有限，市场发展还不成熟，发展空间也受到了各种限制，对于那些想要赢得更大利润的国际通信巨头来说，根本就看不上县城以及农村的小市场。其次，那些巨头公司都是从大城市开始发家的，对它们来说，占领城市市场才是发展的唯一出路。

一方面，国际巨头公司的发展战略以及布局思路给了像华为这样的公司更多的生存机会；但另一方面，那个时候，中国农村正在大力推广电话安装，希望改变农村信息交流落后与闭塞的局面，任正非认为这是一个巨大的商机。加上他平时非常喜欢研读《毛泽东选集》，对于“农村包围城市，逐步占领城市”的核心军事思想非常认同，于是他决定借鉴毛主席“农村包围城市”的策略来谋划华为的发展。具体来说，就是选择在竞争对手势力最薄弱的农村和落后省份开辟市场，把主要竞争对手的“兵力”引向其薄弱地区，故意拉长战线，然后再采取“人海战术”各个击破，此外还体现了“敌进我退，敌驻我扰，敌疲我打，敌退我追”的游击战原则。

当时华为将目标瞄准了中国的农村市场和县城，其他竞争者越是不重视的地区，华为越要重点投入。这是当时华为唯一的出路，对于国内其他企业来说同样如此。由于价格优势以及服务态度好，“巨大中华”都顺利在农村市场站稳了脚跟，其中以华为的发展势头最为猛烈。

在短短几年时间内，农村市场便被这四家公司包围了，下一步它们的目标便是那些雄踞大城市的外商。不仅如此，由于“巨大中华”生产的交换机技术越来越好，外商的技术优势渐渐被削弱，而且国内交换机的价格也开始下降，用户可以用极低的价格购买到交换机，国内通信市场容量被进一步激活了。

“巨大中华”扛起了抗击外商的重任，但与此同时，它们在农村市场上的竞争也越来越激烈。当时，中兴、大唐等企业有一个优势，那就是可以上市，这样一来，它们就可以在社会上进行融资，解决研发资金方面的困难。任正非也曾希望华为上市，却因民营企业的身份和股权问题数次被驳回，而向银行借贷又不方便，因为当时的银行根本不会轻易借钱给小企业。为了解决研发资金的问题，任正非想到了一个办法——与用户，尤其是电信局用户共同成立合资公司（比如华为电气）。他是这样解释的：“通过建立利益共同体，达到巩固市场、拓展市场和占领市场之目的。以利益关系代替买卖关系；以企业经营方式代替办事处直销方式；利用排他性，阻击竞争对手进入；以长远市场目标代替近期目标。”

任正非的这一举动一下子解决了资金和市场问题，从而极大地增加了销售额，并且为华为日后占领国内市场奠定了基础。事实上，华为最初在“巨大中华”中属于弱势企业，但是凭借着自身的努力，华为一步步走到了国内企业的最前列。

最先衰落的企业是巨龙，巨龙当时较早投入交换机的生产和销售，但无奈市场运营上有很大的欠缺，导致它没有充分发挥出自己的优势，将交换机市场拱手让人，最终渐渐地消失在大众的视野中。另外，巨龙当时有八家股东，股东之间分歧较多，松散的体系让巨龙在面对任何问题时都增加了沟通成本，响应机制更是缓慢。八家股东各有自己的市场，他们没有因为身处一家企业而互相谦让，反而争占市场，这让华为和中兴乘虚而入，抢占了大量市场。在这样的体系下，巨龙走上没落之路成为必然。虽然巨龙之后经过四次资产重组，希望能重现往日的辉煌，但均以失败告终。到了2002年时，国内市场上几乎看不到巨龙的身影了。当时的巨龙在国内市场根本没有生存的空间，只能跑到国际一些小市场上艰难生存。

大唐的情况同样不容乐观，由于成立时间稍晚，加上它一直采取单一的产品模式，发展速度始终提不上来，虽然坐拥TD-SCDMA的知识产权，但未形成产业化，只是画饼充饥，根本不具有销售优势，所以它与中兴和华为的差距越来越大，最终在中兴和华为的猛烈攻势下，失去了市场竞争力。

如果进行横向对比，巨龙和大唐失败的转折点还在于接入设备，当时中兴和华为纷纷意识到接入设备具有广阔的市场前景，于是马上投入大量资金进行研发，而巨龙和大唐则不看好接入设备，等到中兴和华为的产品受到市场欢迎之后，再来研发为时已晚。而在随后的几场通信变革中，巨龙和大唐仍然没能紧跟市场的脚步，这也加速了它们的灭亡。

“财富就是将智慧运用于自然，致富的艺术不是勤奋，更不是节俭，而是选择合适的方法、合适的时机和合适的地点。”显然，巨龙和大唐没有把握合适的时机，亲手断送了自己的前途。

当大唐和巨龙纷纷衰败之后，中兴成为华为最大的对手。中兴公司一直都善于把握市场，而且研发能力也很强，这是华为真正忌惮的地方，但华为胜在对科技研发持续的大力度投入，而中兴则显得有些保守，沉稳有余而进取不足，越来越重视企业的现金流，这让华为在研发领域占据了更大的优势，而这种优势也逐渐让华为和中兴这两家实力原本在伯仲之间的企业拉开了差距。

到了1998年，华为的销售额为89亿元，中兴超过了40亿元，巨龙则超过了30亿元，销售额最小的大唐也达到9亿元。2001年，华为的销售额已达到255亿元，中兴达到93亿元，大唐为20.5亿元，而巨龙只有不足4亿元。四家企业的实力比拼一目了然，华为作为唯一的一家民营企业，最终后来者居上，成为国内企业中的“领头羊”。

“巨大中华”的出现和竞争代表了那个时代的发展趋势，也表明了竞争的残酷，虽然它们发展的道路和结局各不相同，但是都为国内通信事业的发展做出了重要的贡献。华为公司作为其中的佼佼者，在内外夹击之下，脱颖而出，渐渐成长为国内市场中一股不可忽视的力量。在击败国内同行之后，华为开始将目光瞄准那些外国企业，接下来华为开始在崛起中真正上演对外阻击战。

第四章

华为“狼道”

如今的华为早已告别了价格战，而是用创新技术来吸引消费者的关注，创新已经成为华为的重要标签。在国际市场上，华为还一直推行高价策略，从而提升品牌形象。

1.“战”贝尔

自人类历史出现文明后，人们便对通信产生了兴趣。通信的出现最初只是为了克服距离上的不便，让相距较远的人能够沟通，而随着时间推移，人们的需求不断提升，开始希望实现即时通信。千百年来，通信产业发展迅速，从最初的“狼烟烽火”到“信件”，然后到“电话”的出现，再到如今的信息化时代，通信业已经发生了翻天覆地的变化。其中，电话的出现是通信的一个转折点，它彻底改变了传统意义上的通信方式，模糊了时间和地理因素，实现了通信上的“地球村”。

1876年，美国发明家贝尔率先发明了电话，这项新发明很快就受到了市场的欢迎，并且改变了世界的通信发展史。1900年，中国第一部市内电话在南京问世，四年之后，烟台架设了无线电，在这片古老而神秘的土地上，古老的交流方式正在被现代方式所取代。日本侵华战争期间，日军在中国铺设了大量电话线路，控制着中国的通信设施。新中国成立之后，中国开始自主研发通信设备，但产品良莠不齐，通信业发展缓慢。1949年，中国电话的普及率仅为0.05%，电话用户只有26万。

随着政治局势的稳定以及经济的恢复，国内通信市场也开始悄然成长。1958年，北京电报大楼落成，成为中国通信发展史上里程碑式的事件。之后的几十年时间里，电话开始普及开来，尤其是改革开放之后，更加开放的经济体制和经济环境有效刺激了电话业务的发展。不过电话的安装往往离不开交换机，而对于积贫积弱的中国来说，由于缺乏工业基础，根本无力生产交换机，很多时候只能依赖国外的产品，与此同时，国外企业开始侵占中国市场。

当时，华为虽然依靠自身的努力获得了很大的发展空间，但是对于任何一个企业来说，想要真正做大做强，就需要想办法进军大城市，而这时候就不得不去面对那些强大的对手了。而当时，华为面对的第一个强敌便是上海贝尔。上海贝尔是1984年成立的一家合资企业，由中国邮电工业总公司、比利时政府和比利时贝尔三方协办。其中的比利时贝尔是AT&T企业在欧洲的实验室，主要负责开发程控交换机，它也是国际领域中率先研究交换机的企业。

20世纪90年代，中国迎来了通信建设的高峰时期，市场潜力巨大，但是受制于“七国八制”的客观现实，使得市场上的机型十分混乱，而且价钱非常高，因此市场总体来说并不规范，竞争也非常激烈。在那种情况下，上海贝尔由于是合资企业，其产品最符合中国人的使用习惯，一度热销。在邮电部下达“国内长途必须使用S1240设备”的命令后，上海贝尔的交换机更是备受关注，全国各地的电信局采购员一同涌向上海贝尔的经销处。虽然中国市场上还存在很多其他外国厂商，但是合资企业的优势决定了上海贝尔拥有更广阔的市场和更强大的竞争力。就是在这种背景下，上海贝尔一枝独秀了三年光景，并且占领了50%的中国市场。

但是如果就此认为上海贝尔不过是借助了中国本土势力来开拓市场的话，那就大错特错了。严格来说，上海贝尔之所以能够在中国市场大获成功，一方面因为它是中外合资企业；另一方面则在于它能够顺应时代潮流，紧抓“创新”二字。毕竟当电话出现后，交换机技术问题成了通信的首要难题，也是将电话变成商品首先要解决的问题，哪家的技术强，哪家就更容易赢得消费者的信赖。而作为当时国内最大的供应商，在了解中国市场的发展趋势和市场环境后，上海贝尔运用最先进的技术手段克服了距离难题，帮助各省、市迅速建立了国际长途、国内长途和市话网络，助推了中国通信事业的发展。

在当时的环境下，上海贝尔是通信领域内最具创新能力的企业之一，也是最了解中国国情的企业之一，这让它能够时时把握发展潮流。1984年，安徽省合肥市通过讨论决定引进万门交换机和长途交换机，通过招标评测，他们最终选定了上海贝尔研发的S1240数字化交换机。为了迎合客户的需求，上海贝尔非常贴心地对自己的产品进行了技术改革，并于1986年准时交付和安装。

在合肥市开通数字化交换机之后，上海贝尔公司声名大振。依靠着技术优势、创新意识以及中国邮电提供的渠道优势，上海贝尔很快就在全国各大省市拓展自己的业务，并在短短几年之内达到鼎盛时期。

但是长期的技术领先、良好的销售渠道以及稳定的市场也让上海贝尔慢慢麻痹大意。20世纪90年代之后，新的交换技术出现了，上海贝尔没有抓紧时间进行新技术的研究，而是坐吃山空。在它看来，短期之内根本没有任何一家企业可以对自己造成威胁，所以它根本不着急。当时包括华为在内的很多国内企业都在想方设法研究新技术和新产品，华为更是在1994年研发出了属于自己的万门机，不过在当时的环境下，华为并不具备和上海贝尔掰手腕的实力，其形象和产品等各方面都落后上海贝尔一大截，即便是面对其他外商企业，华为也不具备太多的竞争力。

这个时候任正非采用了“农村包围城市”的战术，可以说这个战略的制定尽管针对的是“七国八制”时期的外国企业，但它从一开始就是针对上海贝尔量身定做的，因为上海贝尔是当时华为最有实力的对手。当农村市场被华为占据后，任正非的战略已经成功了一半。接下来，他准备率领华为进行“虎”口拔牙，目标当然是上海贝尔。

虽然华为当时研发出了C&C08万门交换机，可是整体的研发水平和技术实力还是比不上上海贝尔，所以任正非不建议华为立即与上海贝尔正面进行竞争，最好是采取谨慎低调的姿态。很多人觉得任正非太保守，但是在当时那种竞争环境下，中国企业并没有把握赢得与外商的竞争。而华为也没有必要急切地向外商发起挑战，毕竟经过几年的耕耘，华为已经在农村市场积累了一定的资本和人脉，完全可以与对手在城市通信市场打持久战，而没有必要贸然发起攻击。

1998年，华为将目光瞄准了四川省，而当时上海贝尔公司在当地占据了将近90%的市场份额，这对其他任何一个挑战者来说都是一个巨大的困难。不过华为并没有被这种近乎于全部垄断的状况吓倒，而是制订了极其周密的计划。为了一点点瓦解上海贝尔对四川市场的控制，华为想了一个巧妙的办法，那就是以免费的方式为客户提供产品。毕竟当时的交换机还比较贵，上海贝尔的产品在价格上并不具备任何优势，如果有人愿意提供免费的接入网，而产品性能不错的话，那么一定会吸引更多的客户。

事实证明了华为的猜测，华为很快就在四川大部分地区布设了网点，而上海贝尔居然对此一无所知，或者说它向来就不担心会有对手偷偷潜入自己的地盘抢生意。由于悄无声息地完成了接入网的布局，华为已经为交换机进入市场做好了充分的准备。当华为顺势提出将自己的接入网扩展到程控交换机上时，轻轻松松就完成了四川省内交换机的品牌更替。

等到上海贝尔公司发现华为的动向，为时已晚，它根本无力发起反击，因为在一年的时间内，华为就依靠低价策略和优质的服务成功地抢占了70%的市场份额。四川的销售经验迅速引起了任正非的关注，他要求华为的销售员将这个办法扩展到全国各个省市。结果在很短的时间内，华为就从外商手中抢占了大量的市场份额，而这个时候的华为在中国市场上已经能够和上海贝尔平起平坐了。

1999年，中国通信市场逐渐饱和。这对于任何一家企业来说都是危机的开始，唯一的做法就是及时转型。但是上海贝尔依然没有吸取教训，继续做着自己在中国市场的老大梦，用原来的技术应付日益变化的市场，这使得它慢慢从领先者沦落为落伍者。

与此同时，上海贝尔也出现了内部矛盾，一直以来负责上海贝尔公司技术研发的阿尔卡特开始发难，准备提高自己的股权。作为一家成立于1898年的法国通信企业，阿尔卡特在通信领域具有绝对优势，研发水平也处于世界领先地位，但它无法容忍自己只占上海贝尔30%的股份。对于阿尔卡特的野心，上海贝尔公司自然极力反对，双方由此展开了一场长达三年的“论持股战”。

虽然，阿尔卡特此后通过一系列手段收购了上海贝尔的大量股权，最终以51%的持股量成为上海贝尔的最大股东，顺利完成了收购，也迫使上海贝尔正式更名为“上海贝尔阿尔卡特”，但是内战消耗了这家公司的实力，也降低了它的危机意识，华为早在对方内耗的时候就占领了接入网的市场。并且华为还意识到了电话开始走向衰败，于是率先研发并推广了光网络、数据通信和智能网的产品，这一次，它在技术上赶超了上海贝尔阿尔卡特公司。

1998年，华为凭借89亿元的销售额成为中国电子百强的第十名；1999年，再次以120亿元的销售额成为第十名，两年的排名均超过上海贝尔。上海贝尔因为自己的自大、封闭、内斗而从行业的领军人变成了落伍者。更重要的是，华为率先研发的光网络、数据通信和智能网迎合了时代的发展，随着互联网的发展以及“宽带城域网”的出现，华为开始引领中国市场的发展潮流，而上海贝尔已经无力追赶华为的脚步了。

亨利·福特曾说：“如果你想永远做个雇员，那么下班的汽笛吹响时，你就可以暂时忘掉手中的工作；如果你想继续前进，去开创一番事业，那么，汽笛仅仅是你开始思考的信号。”前瞻性的思维和与时俱进的心态正是华为所具备的特质，它之所以可以扳倒上海贝尔，靠的就是这种特质。不过时局已经发生了变化，上海贝尔也渐渐成为历史，华为在发展的道路上即将迎来新的对手。

2. “阻”港湾

当华为打败上海贝尔后，又开始将目光放在其他竞争对手身上，而在诸多对手当中，有一个对手非常特别，它的出现让任正非和整个华为既感到熟悉，又感到陌生。这个对手就是港湾。

在前面的内容中提到了任正非的爱将李一男，这位技术出身的天才由于与任正非之间产生了误会而离开了华为公司。离开的时候，他从华为公司领走了1000多万元的分红，而拥有雄心壮志的他并没有用这笔钱享受生活，而是在北京创立了港湾网络公司。

李一男创办公司最初的想法是代理华为的产品，从而建立一个华为的下属根据地，毕竟依据他对华为的了解以及在华为建立起来的人脉关系，想要把生意做大并不是什么难事。但他对华为实在太了解了，这种了解使他很快发现了新的商机，那就是发展数据通信，而这一领域是华为公司的一个薄弱点。

当任正非得知李一男创业后，一直非常支持他，但是本着企业家固有的敏锐性以及对李一男的了解，他还是语重心长地提了一个善意的醒："你们开始创业时，只要不伤害华为，我们是支持和理解的。"

李一男一定了解了任正非的意思，但是他并没有将这句满含深意的话放在心上。虽然一开始他也代理华为的产品，可是到了2000年，中国电信产业迎来了寒冬，华为作为当时最具竞争力的公司之一也面临着销售额下降的危机，只不过依靠着强大的现金流，华为还能勉强支撑下去。而李一男的港湾网络公司由于没有技术和产品，单单依靠代理根本没有办法生存下去，这个时候李一男开始效仿华为当初的做法来发展自己的市场。

当时，李一男决定收紧战线，将大部分精力集中在数据通信业务上，而这一步棋让李一男迎来了翻身的机会。因为进入21世纪后，随着中国网络通信的快速发展，互联网开始走进普通人家，这里面蕴藏着巨大的市场和商机，而数据通信刚好迎合了这种发展趋势。

作为一个曾经的华为人，李一男知道华为崛起的一个重要原因就是敢于花钱搞研发，所以他一口气将港湾收入的15%用以研发新产品，而港湾的研发人员更是占到了员工总数的一半，这样的做法就是在此前的华为公司中也不多见。

随着技术上的突破以及网络通信市场的发展，港湾网络公司很快就在市场上站稳脚跟，并且依靠诸多领先技术而拥有了绝对的领先优势。当时港湾网络公司对外宣称："这些宽带网络建设中应用最广泛、最主流的产品领先于国内主要竞争对手12~18个月的时间。"随着港湾的不断发展，它也越来越受到投资者的信赖，成为市场投资的新宠。

虽然任正非也认为李一男做了一件了不起的大事，可是他却觉得外来的投资太多并不是一件好事，他认为：“这些基金在美国的IT泡沫破灭中惨败后，转向中国，以挖空华为、窃取华为积累的无形财富，来摆脱他们的困境。”

随着港湾的一路高歌挺进，这时的华为却显得暗淡得多。

一方面它自身研发的3G项目毫无成果，而且在CDMA招标中意外失手，更为糟糕的是它忽略了对小灵通技术的研发，这种种失误对华为的发展极其不利；另一方面与思科的一场“世纪诉讼”更是让华为一度陷入被动的境地。而在这时，港湾的迅猛势头也让华为有了一种紧迫的危机感。

在各方危机紧逼的态势下，任正非选择了优先解决港湾的问题。他在华为内部着手成立了一个“打港办”，主要研究对抗港湾的策略，并积极地参与港湾的竞标。

经过一系列的措施，华为开始收复市场上的失地，而港湾不仅增长速度放缓，还产生了内部分歧，这些分歧愈演愈烈，最终让港湾陷入困境。

为了缓解港湾的险峻形势，李一男决定让港湾提前上市。这也是他一直以来的想法，过去他之所以如此急迫地想要占领市场，提高销售额，就是在做上市的准备，而现在他不得不将这个计划提前。不过在上市前的审核评估中，美国证监会收到了一封匿名邮件，说港湾在数据上造假，这是美国证监会不能容忍的，港湾的上市计划自然泡汤了。

面对接二连三的打击，港湾已经彻底丧失了信心。2005年9月，华为再度出手，将港湾告上法庭，状告其侵犯华为的知识产权。这一次，华为终于开始用法律武器保护自己。走投无路之下，李一男打算卖掉公司，但由于港湾一直存在很多知识产权的纠纷，这让很多公司望而却步。

任正非却认为这是收购港湾的最佳时机。2006年6月6日，华为与港湾联合宣布，对方达成有关收购的意向性协定，并正式签订谅解备忘录。虽然李一男在港湾的所作所为令多数华为人心生不满，但他的技术水平仍然是一流的，惜才如命的任正非愿意继续给他时间和机会成长。

港湾的工作人员因为之前的对立局面对融入华为的工作而感到尴尬，任正非于是与港湾的高层进行了一次深刻的谈话，其中提到："不要看眼前，不要背负太多沉重的过去，要看未来、看发展。在历史的长河中有点矛盾、有点分歧，是可以理解的，分分合合也是历史的规律，如果把这个规律变成沉重的包袱，是不能做成大事的。你们在风险投资的推动下，所做的事对华为造成了伤害，我们只好做出反应，而且矛头也不是对准你们的。"

这一次的谈话让双方都打开了心结，为日后的合作与共事奠定了基础。但还有一件事始终让任正非感到头疼，那就是内部人才的管理问题。

如果说在与港湾的竞争中，任正非获得了大胜，那么在内部管理这方面，他则是彻彻底底的惨败。在那段时间内，任正非无可奈何地表示："华为弥漫着一股歪风邪气，都高喊资本的早期是肮脏的口号，成群结队地在风险投机的推动下，合手偷走公司的技术机密与商业机密，像很光荣一样，真是风起云涌，使华为摇摇欲坠。"

这也迫使他开始检讨自己对员工尤其是对人才的管理方式。过去他一直觉得提供了高工资和良好的办公环境，找到了高学历的人才，就可以把企业管理好，但这显然是不够的。2008年，李一男再次离开华为，此后再没有回归华为的怀抱，华为失去了一个可能成为世界顶级企业的顶级研究人员。但对于任正非来说，生活和工作还将继续，在这场被任正非自己比喻成“惨胜如败”的战斗中，无论如何他还是保住了自己的基业，而接下来，还有很多对手等着任正非去征服。

3.“退”北电

当华为征服一个又一个对手后，开始在国际市场上进行扩张，以确保国内、国际双线作战，而这个时候它遇到了一个强大的对手——北电网络公司。北电网络是加拿大的通信制造商，以大型排队机称霸市场，长期以来都在国际市场上呈现一家独大的状态，在中国市场上也具备很强的实力。从竞争中一路杀出的华为想要稳坐中国通信产业的半壁江山，想要在国际市场上立足，它这只刚刚发育起来的虎崽就不得不去碰北电这只猛虎。

不过，任正非从来不打无准备的仗，早在双方交战之前，华为就对北电做了全面的调查。他们发现北电的设备固然好，但其根基在国外，对于国内市场有些无暇顾及，从而导致这家公司的服务存在一个很大的漏洞，比如当中国市场的设备出现问题时，远在国外的研发维修小组往往很难及时响应，这就让它白白流失了很多客户资源。

而任正非带领的华为就像是一匹狼：“如果让它看到你的劣势，它会乘胜追击，让你毫无还手之力。”针对对手的弱点，任正非快速制订了新一轮的商战计划，那就是建立起一个比平时响应速度更快的服务小组，对用户进行实时反馈，只要用户遇到问题，无论何时何地，他们都会第一时间赶到，积极提出解决方案。任正非的目的很明确，既然北电无法对用户提供最及时、最周到的服务，那么华为就干脆从服务入手，借助良好的服务赢得口碑，赢得客户的信任。

对于竞争对手来说，“以己之长攻人之短”是一个最基本的策略，但任何一个有自知之明的企业都会克服自己的弱点。北电意识到了华为有针对性的部署后，开始积极应战，主动强化自己的应急机制，它在国内和国外市场纷纷建立了可以随时与总部保持联系的通信点，从而减少了烦琐的程序。双方在中国市场不断交锋，华为的优势开始逐渐被削弱。

不过随着竞争的继续，北电渐渐浮现出很多问题，并出现了严重的分裂迹象。2006年，北电经过内部洗牌，迎来了一位新的CEO，新上任的掌门人在中国重新部署了企业战略，并在北京和广州两地增加了研发中心。一年之后，北电又在上海建立了运营中心，并且将整个供应链搬到了中国。这些改革并没有为北电带来什么变化，因为这家跨国企业此时已经病入膏肓，它还没与华为一决高下，就开始面临四分五裂的危险。

2009年1月9日，北电的高层管理者聚集在多伦多机场附近的会议室，商讨北电的未来。这家曾经具有国际竞争力的跨国公司，无论如何也想不到自己如今会走到这一步。曾经的意气风发早已不在，如今的他们只想尽快结束这一切。随后，北电的高管和专家向董事会提交了一份陈述报告，将当前的问题阐明，并将随后会发生的事情做了预判。陈述报告里公布了2008年北电第四季度的收入情况，持续下降的现实让北电高管再无反击的信心。

在企业发展遭遇困境的时候，他们还面临着一个更为紧迫的问题。2009年1月15日，银行开始催还贷款利息，这笔费用远远超出他们的预期。虽然北电的账面上还有充足的资金，可其中一部分属于北电旗下的合资企业，北电根本无权挪用，还有一些属于员工的养老基金，也不能用来还贷款。其余的钱勉强够支付银行高额的利息，但是他们将没有钱支付下一笔即将到期的高额利息。

这时的北电自顾不暇，合作商们也开始纷纷担心起来，尽管许多供应商并不愿放弃与这家跨国企业进行合作的机会，但北电的资金问题的确让他们感到忧心忡忡。在这种局势下，合作商只能采取更为谨慎的态度，他们不得不对北电下达最后的通牒：如果想要继续合作，必须支付更高的订金。

北电集团的律师们提出了破产保护机制，并在法律保护期间进行企业重组和员工调整，但是问题并没有得到解决。而且他们也预料到，等到资产清算之时，北电的客户一定会被竞争对手抢夺，从而加大北电日后东山再起的困难。

加上会计丑闻事件、产品竞争力下降、企业收入持续下滑等一系列的问题，北电已经如履薄冰。北电内部组织了一个挽救团队，开始起草新方案重组北电，但是由于挽救不及时，北电的资产被债权人拍卖得所剩无几了，只剩下企业网部门没有引起其他人的注意。

面对遭受困境的对手，华为本想与其合作，而且早在几年前，华为就想与北电共同出资成立一家新企业，激活市场，但最终计划搁浅了。如今北电已经穷途末路，只能主动找华为进行合作。很多西方媒体都认为与华为的合作也许是北电最后的救命稻草，任正非也知道北电的艰难处境，但是由于其他因素的干扰，合作事宜一直没能落实，华为最后只投资了少量资金，算是救助。

北电的衰亡已经不可避免了，最终只能无奈宣布破产，而此时的华为刚刚在国际市场上崭露头角，迫切地想要参与北电的业务竞购，并通过这种合作来拓展自己的影响力。可是其他国家对于中国企业一直抱有很强的防备心，一直不愿意中国资本收购他们的企业，所以总是会以国家安全或者其他政治原因为由进行拒绝。这是国家意识形态战争在经济领域内的延伸，考虑到他们一直以来都对中国采取封锁的态度，也就不难理解他们对于中国企业的担忧。

当北电宣布进入破产保护程序之后，便无奈退出了电信设备行业，电信设备市场由此进行了重新洗牌，确立起爱立信、阿朗、诺西、中兴和华为为主的几大势力，它们占据了整个产业90%的业务，而中国企业依靠着低价优势在国际上占有的份额不断增多。随后爱立信看到中国企业的涨势，也凭借技术优势大打价格战。

由于时代发生了变化，用户不再仅仅考虑价格因素，包括售后服务、维修成本、更新速度、能耗等方面都在考虑范围之内，因此任正非改变了策略，强调“不打价格战，要与友商共存双赢，不扰乱市场”。电信产业逐渐进入了良性发展的过程中。哈佛商学院的教授罗莎贝斯·莫斯·坎特说：“把你的竞争对手视为对手而非敌人，将会更有益。”在商场上也是如此，有时合作能够带来企业的共赢和行业的整体发展，他人的经验更可为己所用，同行之间的竞争关系是敌也是友，在发展过程中，华为渐渐重视与其他对手发展竞合关系。

对于华为来说，北电的收购失败固然可惜，同时在与北电的竞争过程中，华为发现一场危机正在悄然来临。当时华为在国际上的影响力越来越大，在东欧、亚洲和非洲大规模开辟市场，高速扩张让华为成为当时最具竞争力的跨国公司，不过高速扩张并没有带来资本的快速增长，反而增加了债务。2008年，华为的销售额较前一年增长了42.7%，该收未收的款项也增长了61.3%，远远超出了销售额的增长，那个时候，华为的应收款项是爱立信的2.73倍，可见华为资金问题的严重性。

任正非意识到华为可能正在重蹈北电的覆辙，如果不能解决资金不足的问题，那么企业的发展就会受到制约，可是如果不继续扩张，那么华为辛辛苦苦占领的市场会瞬间被对手抢走。进也不行，退也不行，当时的华为真的是遇到了难题。更加致命的是，相比于北电，华为公司根本没有上市，没有更好的融资渠道，只能向外界寻找靠谱的投资者进行救济。

在危机面前，任正非意识到企业不能一味扩张，还需要抓好内部管理，否则就会像北电一样，在内部自我瓦解掉，这个时候的任正非开始改变原先不断扩张的策略，转而采取更加谨慎的姿态，以确保华为能够平衡发展下去。

4. “驱”朗讯

对于华为来说，“七国八制”时期的外商都是强大的对手，也都是需要战胜的对手。想要占领中国市场，以及向国际市场扩张都需要跨过这些障碍。在这些对手中，上海贝尔在后期趋于保守、故步自封，只想着保持原有的市场份额，相比之下，另外一个后起之秀则显得野心十足，它就是美国的朗讯公司。

1885年2月，美国电话电报公司AT&T成立，之后规模不断扩大，至1983年已经发展为拥有1600亿美元资产的大企业，其电信业务垄断了美国近80%的市场，成为当之无愧的电信帝王。AT&T垄断市场之举不仅令政府不满，同样也使许多中小企业怨声载道，在双层压力下，AT&T于1984年宣告解体。

解体后的AT&T继续做着电信的业务，在经营上内敛了许多，但无奈收购业务太多，根本无力支撑，于1995年9月20日再次宣布解体，而朗讯就是在这一次解体中产生的。朗讯继承了部分AT&T的交换机业务和全部的交换机技术，并于1996年开始独自运营。

同年，朗讯公司在青岛建立了程控交换机生产基地，此基地规模宏大，辐射了大部分地区，为其提供产品和技术支持。这家解体分裂出来的企业显然比上海贝尔更具野心，甚至在基地建立之前，它就与国内多家电信局结为战略伙伴，为它们提供技术和设备，就此拥有了非常可观的业绩。对于华为来说，当时的国内市场形势复杂，强敌环伺，朗讯的出现绝对是来者不善。

1996年6月，青岛基地正式投入生产，在不足一个月的时间内，朗讯就迅速与全国三十几家运营商签订了上亿美元的合同，这样的发展速度对任何对手来说都是巨大的威胁，而刚刚发展起来的华为更是惊出一身冷汗。

即便是在AT&T时期，也没有这样的发展势头，按道理说，在经历两次分裂后成立的朗讯实力应该有所减弱，可是朗讯却并没有显示出这样的状态。其实，朗讯脱胎于AT&T，但继承了通信领域尤其是交换机生产的精华，换句话说，朗讯比AT&T更加专注，它可以集中全部的精力和资金发展交换机业务。

由于朗讯公司的技术和业务优势十分明显，且拥有众多国际通信的领先技术，许多厂家自成立起就使用朗讯的产品。这对华为来说是一个巨大的威胁，按照朗讯当时的发展势头，华为的生存空间很快就会被压缩。对于这两家快速发展的企业来说，正面交锋已经不可避免。

由于朗讯势头迅猛，在某一段时间内华为几乎被压得喘不过气来，眼看着自己占领的市场被朗讯一点点吞噬，这让任正非心急如焚。这个时候，他想到了一个人——邓涛。邓涛是华为的一名高级知识分子，研究生毕业，英语出色，人也聪明，此人曾几次在危难时刻抢下重要订单，为华为的销售业绩添砖加瓦。

这一次，任正非派邓涛到山东七区考察，背负重要使命的邓涛迅速靠近朗讯的大本营：先在济南和烟台设立了办事处，随后又在青岛设立了办事处。邓涛之所以要选择在这三个地方建立办事处，目的很简单，就是对朗讯的基地形成夹击之势，这样不仅有利于了解对手的发展态势，也能够让朗讯感到危机。

这样的做法原本是一场心理战，目的是让朗讯公司自乱阵脚。但没想到此举还产生了一些额外的作用，有些零散的用户想要去朗讯基地参观测试产品，都会先经过华为的办事处，华为对这些散客尽心尽力，虽然收效甚微，但也算起到了一定的宣传作用。

不过邓涛也明白，仅仅依靠心理战是无法赢得这场竞争的，关键还是要有切合实际的有效行动。随后，他还与任正非商讨了一套完整的针对朗讯所有产品的方案，并采取逐一击破的战术。2000年，中国银行总行要建立全国性的呼叫中心，将购买一大批通信设备，这笔订单对于华为和朗讯来说都十分重要。当时承办这项业务的是IBM公司，而朗讯一直与IBM有密切合作。

朗讯按部就班地与IBM进行接触，并且以为胜券在握，但是华为悄然出动了谈判队伍，这支队伍绕过了IBM，直接找到了中国银行总行的行长。一位参与这场商战的华为人回忆说："我们找到了中国银行总行的行长，做了一些工作，但是这些工作都是可以拿到'桌面'上的。尽管难度很大，但是我们最终还是把总行给攻下来了。"

不仅仅是针对中国银行总行，那个时候的华为对朗讯的行动采取了有针对性的策略，类似的竞争事件开始在全国范围内上演，华为不放过任何一个削弱朗讯公司发展的机会。如果说这种有针对性的竞争手段让朗讯失去了很多客户，那么华为的另一个"撒手锏"则让朗讯陷入了更加艰难的境地，那就是低价策略。

当时朗讯的程控交换机售价为每线300美元，这个价格几乎在中国保持了20多年，一直未变。这样的价格对于凭借高端技术取胜的朗讯来说还是比较合适的，也符合当时中国市场的行情，但是华为为了击垮朗讯，开始打价格战。凡是有朗讯参加的招标会，华为必定到场，然后进行正面交锋。

邓涛知道朗讯的报价一般都会在300美元左右，于是力排众议，将华为的报价压低到每线80美元，对一些比较重要的招标，他甚至给出了每线50美元的报价。在面对这样的低价策略时，朗讯颇为头疼，而华为内部也出现了一些质疑声，毕竟华为的利润被压得几乎为零，这无疑是伤敌一千，自损八百的劣质手法。

但邓涛却坚持认为低价策略是华为与朗讯竞争的唯一机会，也是扭转劣势的唯一方法。众所周知，朗讯的产品采用高端技术，他们将大量的资金用在聘请高端人才和研发产品之中，技术是朗讯最大的优势所在。但朗讯的技术投入很大，这也注定了它在价格上缺乏必要的灵活性，不可能采取低价策略，而对于普通用户来说，技术先进、质量上乘的产品固然很吸引人，但是低价也同样让他们感到满意。对于很多用户来说，华为的产品质量并不差，价钱也低，非常适合日常的使用。

任正非也支持这种做法，但是他又说："王小二卖豆浆，能卖一块钱一碗，为什么要卖五毛钱？我们产品的毛利，要限定在一定水平，太高或太低都不合适。"

虽然华为采取了价格战，将价格压到最低，但这个最低首先也是保持在能够赢利的基础上的，亏本的生意不能久做，否则在伤害对手的同时，也可能将自己活活逼死。实际上，华为的成本比其他外商更低，这让它在价格战中占据更大的优势，此外，价格战也会让对手误以为华为生存不下去。实际上，华为的薄利多销政策反而加快了企业的增长速度。

除了在价钱上争取优势，华为还在售后服务方面大做文章：朗讯为用户提供的保修时间为一年，而华为则免费升级为六年。虽然华为交换机的稳定性较朗讯的交换机稍逊一筹，但六年的维修期对任何用户来说都很诱人。而且华为的交换机中有一部分专门仿制了朗讯的机器，两者功能上基本相同，低廉的价格足以弥补质量上的瑕疵。

确定价格优势和服务优势之后，华为开始以三个办事处为圆点向周边地区辐射，提供相应的技术和服务，慢慢将整个山东地区掌控在自己手中。

邓涛在山东的成功经验迅速被华为推广开来，紧接着在全国范围内的其他省市都开始采取这些措施。这一次，朗讯意识到了问题的严重性，准备进一步采取反制措施。

对于华为来说，虽然在竞争中不断获胜，可是任正非非常清醒，他知道朗讯一定会进一步采取措施，因此下令华为人继续扩张市场，不给朗讯喘气和翻身的机会。为此，任正非派出了华为的精英常驻山东各处的办事处，还告诫当地的办公人员，如果朗讯有动作，要第一时间通知他。不过，让华为放心的是，此时的朗讯已经彻底败下阵来，根本无力还击。

1999年，华为的销售额超过120亿元，其中山东地区的销售额达到15亿元；2000年，华为的销售额更是突破了220亿元，山东地区的销售额达到了22亿元。连续两年，华为都给朗讯予以重创。同其他竞争对手一样，朗讯公司在面临外部危机后，内部的危机和矛盾也渐渐浮现出来。不同的派别和集团开始按照自己的想法拯救朗讯，结果冲突不断。还有人见到朗讯难以在中国市场翻身，于是偷偷抢占资源另谋出路，曾经一度将华为逼上困境的朗讯最终还是逃脱不了四分五裂的宿命。

2006年4月3日，上海贝尔阿尔卡特公司对外宣布，阿尔卡特与朗讯已经达成协议，将出资收购朗讯并以新的面貌出现在大众面前，自此，声名赫赫的朗讯黯然退出了历史舞台。多年以后，当年朗讯企业的一位高管说道："如果不是华为的战略围剿遏制了朗讯的发展势头，一旦它冲破齐鲁片区的防线，那么华为的历史将改写。"

但历史不会给朗讯新的机会，在这场成王败寇的残酷竞争中，华为最终依靠自身的优势笑到了最后。

5.“击”中兴

在华为的发展和扩张行动中，不仅要与外商进行竞争，同时还要处理好和国内企业之间的竞争关系，其中就包括中兴，这是华为在国内市场上的一个劲敌，华为和中兴也是“巨大中华”中硕果仅存的两家企业。

华为和中兴都是在深圳起家的国产通信企业，它们共同经历了中国通信产业的困难期和高速发展期。作为“巨大中华”中最具实力的企业，两家企业一直以来都肩负着抗击外商的重任，不过随着外商在国内市场上逐渐衰落，原本相安无事的兄弟企业也终于赢来了它们之间的战争。

中兴比华为的基础好，最初的发展势头也更好，尤其是产品方面，中兴一直都压着华为一头。1985年年初，40岁出头的侯为贵来到深圳闯荡，并且做起了电子表、电子琴的加工业务，头一年就赚了35万元，这就是最初的中兴通信。到了第二年，中兴依靠着强大的技术生产出了国内第一台程控交换机，而此时的任正非还没有创办华为。由于起点比华为高，因此侯为贵的中兴明显要比华为更具潜力。

直至1995年，华为才凭借以太网开始迅猛发展，赶超了中兴。在那之前，接入网市场始终被中兴和UT斯达康两家企业牢牢把控，这两家企业在技术方面拥有很大的优势。当时，中兴的售价为每线1200元，UT斯达康的售价为每线1800元。

这是一个有着巨大市场发展空间和巨额利润的行业，任正非不希望华为错过，所以他要求研发小组必须在接入网领域有所突破，这就是华为新型产品以太网的由来。为了迅速抢占中兴的市场，任正非将此产品以每线600元的价格推向市场，这样的价格比起中兴、UT斯达康来说优势巨大，因此华为的产品大获全胜，不到半年的时间，就占有了70%的市场。

华为插手接入网市场，并夺走了中兴的大量订单，这让中兴非常不满，但是直到1998年，双方之间的矛盾才开始激化。那个时候，华为和中兴都参加了湖南、河南的交换机投标会，在会上华为突然将其产品与中兴产品做比较，罗列出自己产品的优势，制成表格，然后分发给用户。中兴方面知道后十分气愤，认为华为在刻意抹黑自己。于是在投标会的第二天，中兴以牙还牙，制定了一份类似的标书打击华为，并且抢走了华为的大订单。于是任正非分别在河南与长沙两地将中兴告上法庭。中兴也不甘示弱，以同样的理由也将华为告上法庭。双方僵持不下，均提出了反诉。

两家企业的四场官司备受瞩目，成为当时行业内的一件大事。最终判决如下：在河南地区，华为起诉中兴的案件，华为胜诉，获得53万元的赔偿；中兴起诉华为的案件，中兴胜诉，获得130万元的赔偿。在长沙地区，华为起诉中兴的案件，华为胜诉，获得36万元的赔偿；中兴起诉华为的案件，中兴胜诉，获得50.5万元的赔偿。

四场官司，双方似乎打了一个平手，但华为所赔款项远超中兴，这着实让华为痛了一下。但是华为也借此机会宣传了自己的品牌，因为在双方的纠纷和诉讼战中，华为高举的牌子就是“品牌维护战”，这让华为赢得了舆论的支持。

有媒体评论华为与中兴之间的官司：“中兴与华为之间的是非恩怨绝不是几起诉讼就能一了百了的，诉讼只能加剧双方的对立。降价竞争是中兴与华为矛盾的关键所在，而诉讼大战只不过是双方在市场、宣传、人才等各条战线积怨已久的矛盾总爆发。”

之后在国内市场上，华为与中兴你来我往，你退我进，双方势均力敌。任正非是一个非常有远见的人，他想到曾经去国外考察时见到的种种，希望华为能在国际市场上立足。在那之后，华为开始进军国际市场，并掀起一轮又一轮的价格战，抢占了大片海外市场。中兴方面也是如此，他们也早早将眼光放在国际市场上，虽然国内的竞争告一段落，但国际市场上的输赢还没有定论，两家企业再次成为对手。

2003年的一场印度招标会上，华为与中兴互相让价，结果让印度方面坐收渔翁之利。虽然任正非知道这并非长久之计，但华为和中兴都已经骑虎难下了。随后的几场海外竞标中，华为与中兴轮番降价，甚至以接近成本的价格签订合同，这种方式对彼此都造成了伤害。有些外商得知华为与中兴之间的战争，在招标中故意让二者对垒，好以极低的价格牟利。

亚洲、非洲等地都成了华为与中兴的战场，双方打得不可开交，甚至惊动了当地政府。2009年，印度以“反倾销”的策略打压华为和中兴，华为被征收50%的反倾销税，由于中兴不愿意提供相关资料，更是被征收了236%的反倾销税。

其实在海外市场，国内企业应该统一阵营一致对外，本可避免的反倾销税就因为两家之间的矛盾被强制征收，这无疑是一个最坏的竞争结果。当然，华为和中兴的缠斗并不能仅仅归结为“中国企业喜欢内斗”，毕竟对任何一家企业来说，维护自身的利益都是首要的选择。深入分析两家的纷争，或许可以从两家企业的领导人身上寻找突破点。

侯为贵作为中兴的掌门人，其思维方式偏向于“中庸”之道，而任正非的思维方式则更加注重理性和逻辑性，两种不同的思维方式造就了不同的企业文化。

侯为贵为人低调随意，中兴内部的氛围更轻松一些；而任正非则强势许多，华为上下更是充斥着创业的激情和冲劲，员工在着装上也有要求，整齐划一始终是他们的标志。在商场上也是如此，中兴主张战场上一团和气，人不犯我我不犯人，也因此经常处于被动的境地；而华为主张狼性文化，一般都是主动出击，经常令对手措手不及。提起此事，中兴方面满肚子委屈：“原本是华为最先挑起的嘛，到最后还恶人先告状。”

正因为侯为贵和任正非身上存在这样或那样的不同点，双方才会出现各种摩擦和冲突，加上企业本身存在的竞争性，华为和中兴就免不了在国内市场和国际市场中相互竞争。在早期的竞争中，华为很难占到优势，双方的经营范围和市场份额相差无几，比如从1998年到2000年，中兴的年销售额从41亿元增至102亿元，而华为的年销售额则从89亿元增至220亿元。2003年，依靠着小灵通业务的快速发展，中兴的年销售额达到251亿元，而华为的年销售额为317亿元。双方的差距很小，华为最终只能继续选择价格战，而这直接导致两家企业陷入到竞争的困境中。

价格战是当时中国企业主要的竞争方式，但同时也是一种最低端的竞争模式，很多人会认为那些主打低价的企业往往存在技术上的缺陷。

而且价格战会严重破坏市场环境与市场秩序，对整个行业的伤害非常大。对于那些想要走向国际市场，并且变得更加强大的企业来说，关键还是要想办法提高技术和服务，而不是在价格上多动脑筋。

为了避免这两家优秀的国内企业互相消耗、互相伤害，有关部门决定出面进行调解，而华为与中兴显然也意识到了问题的严重性，它们想要在国际市场上有所作为，必须从本质上强化自己的实力，而不是一味依靠价格优势取胜。双方最终握手言和，决定公平竞争，共同繁荣中国的通信产业。至此，这一场长达数年的商战以和平的方式告终了。

如今的华为早已告别了价格战，而是用创新技术来吸引消费者的关注，创新已经成为华为的重要标签。在国际市场上，华为还一直推行高价策略，从而提升品牌形象。中兴也一样，尽管它和华为之间的差距越来越大，但依然选择了依托技术扩张自己的疆土。实际上，两家企业的竞争仍在继续，只不过是换了一种更为和平的方式。

第五章

开疆辟土：走出去才能有大发展

华为在欧洲市场开始注重从价格优势到质量优势、服务优势的转变，并且依靠绝对的实力来征服欧洲市场上的客户，而这也让华为成为一家更成熟、更具竞争力的跨国公司。

1. 进击香港

华为公司从成立的第一天开始，就是一个非常有野心的企业，尽管任正非当时的口号是确保华为先生存下去，但是华为人都知道他的雄心壮志，都知道他对于未来拥有更大格局的规划。早在1994年，壮志凌云的任正非就曾说："10年以后，电信设备市场将三分天下，西门子、阿尔卡特和华为。"这并不是一句毫无因由的大话，而是因为任正非看到了电信设备的发展潜力，在他看来，只要华为在这一领域内坚持下去，就能够获得巨大的成功。

1995年，国内交换机市场的发展如火如荼，但此时任正非已经有了忧患意识。他总是在想如果国内市场饱和了怎么办，经过再三思量，他决定向国际市场进军。这对于华为来说是一个巨大的挑战，华为内部有些质疑的声音，毕竟依靠当时的实力，华为在国内市场尚且没有完全站稳脚跟，贸然进军国际市场只会增加负担。

但是任正非认为华为如果因为有困难就不肯出击，最终就会被困在国内市场上。这样的想法在他后来的讲话中获得了证实：“我们的游击作风还未退尽，而国际化的管理风格尚未建立，员工的职业化水平还很低，我们还完全不具备在国际市场上驰骋的能力，我们的帆船一驶出大洋，就发现了问题……我们总不能等待没有问题再去进攻，而是要在海外市场的搏击中，熟悉市场，赢得市场，培养和造就干部队伍。若三至五年之内建立不起国际化的队伍，那么中国市场一旦饱和，我们将坐以待毙。”

1996年，华为出现了“市场部集体大辞职”事件，很多人都离开了公司，任正非此时开始谋划加速进军海外市场的进程。他任命山东办事处主任李利为海外市场部总监，打算将开拓国际市场的想法付诸行动，但是他对如何扩张并无头绪。不过那个时候的大环境给了华为一丝希望，当时中国正在执行“和平共处五项原则”来处理国际关系，中国采取经济复苏政策，与其他国家的交往也以经济建设为主，中国资本开始有机会进入外国市场。此举在国际间广受好评，华为意识到这是一个非常好的机会，毕竟有国家政策开道，华为进军国际市场就可以减少很多阻力，此外有国家充当依靠，华为在国际市场上的生存将会变得更加轻松。正因为如此，“跟着国家的外交路线拓展国际市场”成为华为当时喊出的一个口号。

华为最先瞄准的是香港市场。这不仅仅在于香港即将在1997年回归祖国，更在于香港市场拥有巨大的商机。当时香港最大、最成熟的一家电信运营商当数香港电讯，这是一家在香港独占市场已超过70年的老牌企业。另外一家则是和记电讯公司，是香港第二大电信运营商。为了避免出现垄断的局面，香港政府准备改变电信市场一家独大的格局，此时的香港首富李嘉诚也看中了商机，想要进军电信产业，他马上与和记电讯共同拍下了三张运营牌照。一时间，香港通信市场激流暗涌，各方势力相互较劲。

和记电讯有意挑战香港电讯，但它面临着巨大的难题，因为想要在香港电信市场立足，就必须在3个月内完成一个斥资3600万元的综合性商业网，此商业网要覆盖互联网、数据通信和接入业务等诸多方面，质量要求也高，这个网络只有经过香港电信局的验收，他们才能获得经营许可证，也才有与香港电讯竞争的实力与机会。

和记电讯意识到时间紧迫，于是特意找到西门子和阿尔卡特，但是这两家公司给出的建设时间是6个月，这还是加快进度所需的时间。另外，这两家公司坐地起价，相关的价格也是水涨船高。由于时间上的差距太大，加上价格让人难以接受，和记电讯只能选择其他的供应商。就在和记电讯左右为难的时候，他们想到了华为。只不过，他们对这家新崛起的内地企业的能力有所怀疑。

和记电讯已经没有多少选择的余地了，如果继续选择其他供应商，且不说时间够不够用，关键是技术是否过关，这同样会打上一个问号。由于时间紧迫，董事会开会进行研究，并且最终决定试一试。正是在这种情况下，华为临危受命，迎来了自己在香港市场的第一笔生意。

来自香港的订单是当时华为自创办以来最大的一笔订单，这让任正非既喜且忧，喜的是华为可以依靠这笔订单赢利，并且有可能就此打开香港市场；忧的是一旦自己不能如期完成任务，或者技术不过关，那么华为辛苦树立的形象也就毁了。为了确保万无一失，任正非特意任命李一男为此次工程的技术负责人，并将内地市场所有技术扎实、经验丰富的工程师悉数调往香港，支援香港商业网的建设。这笔三个月的订单对于任何一家企业来说都是一个非常紧迫的工程，华为人没日没夜地设计、建设，几乎到了崩溃的边缘，但幸运的是，他们在规定期限内完成了工程。

项目完成之后，虽然调试出现了一些问题，但是很快就被解决掉了，由此华为不仅收获了丰厚的利润，还学习到了香港企业的处事风格。这个时候，任正非可以更加直观地了解那些优秀、成熟的企业，可以接触到那些优秀企业的企业文化。事实上，华为员工与香港员工的做事风格十分不同，香港员工做事时恪尽职守，不允许自己有一丝懈怠，而华为员工虽然工作很拼命，但是由于当初的企业文化使然，工作以质量为标准，工作时更自由一些，他们经常戴着耳机哼着小曲轻松干活。对于这些，香港员工有点看不惯，认为他们的工作态度不好。

据工程部的人员回忆，当时为了建设香港的商业网，所有在港的华为员工整日加班，他们将华为的“床垫文化”搬到了香港，吃住都在办公室内解决，办公室的环境自然差了些，这让香港方面的人感到不可理解，他们对于华为人如此不重视环境的做法也颇有微词。在香港人看来，一切都应该正规有序，绝对不能按照自己的意志胡来。这一次的接触，也让任正非意识到了自己在管理方面的不足。

项目完成后，华为在香港渐渐有了名气，合作商也逐渐增多，但任正非并没有盲目地全盘照收，对于找上门的生意，他只选对华为的发展和市场有利的，这样才会对华为的长远发展产生重要作用。

华为在香港的发展比想象中的要顺利一些，这让任正非感到欣慰。依靠着低廉的价格、周到的服务，华为公司在香港的名声越来越好，很多与华为合作过的企业都对它赞不绝口，而这也是华为决定长期在香港发展的原因。

对华为来说，进军香港市场，不仅树立了内地品牌的形象，让香港企业了解了华为，更重要的是，香港作为华为走向全球化的第一步，香港市场的成功让任正非信心倍增，这时候他已经将目光瞄准了其他地方。

2. 俄罗斯的市场转变

在香港市场的大获成功，让华为有了更多的信心和底气，但是考虑到华为的实力有限，不足以与西方发达国家抢夺市场，因此任正非决定继续采取“农村包围城市”的策略，先从一些经济不发达的国家和地区入手。毕竟这些国家和地区经济不发达，因此对一些比较廉价的产品会更多地关注，这就是华为的机会。正如任正非所说：“当我们走出国门拓展国际市场时，放眼一望，所能看得到的良田沃土，早已被西方公司抢占一空，只有在那些偏远、动乱、自然环境恶劣的地区，他们动作稍慢，投入稍小，我们才有一线机会。”

这个时候，任正非先将目标锁定在了俄罗斯身上。1996年4月，时任俄罗斯总统的叶利钦到中国进行访问，并与中方签订了《中俄联合声明》，中国与俄罗斯形成战略合作伙伴关系，两国随后开展多项经济贸易合作。同年5月，俄罗斯举办了“第八届莫斯科国际通信展”，一大批中国厂商参加了活动，其中就有华为。

不过华为进军俄罗斯市场实际上处于一个非常尴尬的时期，在20世纪90年代后期，随着中国经济的腾飞，有一大批国内企业进军国际市场，但看似风光无限的中国厂商实则正在遭受一次大挫折。由于当时中国的市场经济秩序还未建立起来，很多企业根本就不规范，这样就导致一些以次充好的企业混入开拓国际市场的大军中，这些企业对中国企业的整体形象造成了严重的损害。因此，很多外国人对中国企业产生了一个固定印象，认为中国企业没有自主研发的实力，认为中国企业制造的产品质量低劣。在这样的大环境下，华为在俄罗斯市场的开拓工作进行得十分艰难。再加上中国与外国人的生活习惯、处事风格原本就不同，也让华为在与其他厂商交流之时困难重重。

在参加通信展之前，任正非寝食难安，踩在俄罗斯的土地上，他心情沉重，华为走向国际市场的进程是不可逆的，也是必行之举，但眼前困难重重。对此任正非深有感触，当时他因为身患糖尿病，想买些零食备着，在需要时补充些能量。可是一连去了好几家商店，店员一见任正非是中国人，原本笑脸相迎的他们马上就换了副脸色。在街上，许多店家都挂着“本店不出售中国货”的牌子，用以表明自己的信誉和质量。这对任正非以及任何一个中国人来说，都是一种侮辱，同时也让华为在俄罗斯的发展蒙上了一层阴影，任正非不由得为通信展担忧起来：“会有多少人光顾华为的展会呢？会不会不吸引人？会不会有人仍然瞧不起中国呢？”

通信展活动开始的时候，俄罗斯的众多媒体都对华为进行了报道，俄罗斯邮电部的部长也特意来参观华为。这一切看似很顺利，可是活动结束后，华为驻俄罗斯的同事在申请入网许可时就遇到了困难，对方态度明确地拒绝了华为的申请。最后还是由大使馆出面，俄罗斯方面才给了华为一个机会。之后，俄罗斯方面提出了要求，希望华为可以转让技术，与俄罗斯的第二大交换机生产商贝托合作共同成立“贝托华为”，生产符合俄罗斯市场需求的产品，华为这才有了进入俄罗斯市场的机会。

不过当时的局势非常严峻，毕竟在华为进入俄罗斯市场时，当地的通信市场已经趋于稳定，阿尔卡特、西门子等国际企业已经将俄罗斯的通信市场瓜分完毕，而新进入的华为在市场上的知名度和占有度都为零。对于华为来说，它在俄罗斯市场上根本不具备任何优势。

当然，只要肯坚持，机会总是会有的。华为在辛苦的等待中终于等到了最佳的机会。那个时候，金融风暴肆虐整个亚洲，俄罗斯也受到金融危机的侵袭，原本脆弱的经济受到了严重的打击。为了减少损害，俄罗斯听取了西方经济学家们的建议，采取了“休克疗法”，这种疗法主要包括放弃扩张性经济政策，紧缩货币和财政，放开物价，实行自由贸易，加快私有化步伐，充分发挥市场机制的作用等措施。

这一套疗法在西方的确起到了一定的影响，可是俄罗斯的经济水平以及经济发展环境都和西方国家不同，贸然运用只会让情况变得更加糟糕。由于处理不当，俄罗斯国内的经济不仅没能好转，反而面临着瘫痪的危险，在这个时候，许多外商纷纷退出俄罗斯市场。在通信领域也是如此，包括阿尔卡特、西门子等国际品牌毫不犹豫地撤出了俄罗斯以求自保，唯独华为选择留了下来。1997年6月，贝托华为正式成立，主要负责生产数字程控交换机和其他设备。

之所以选择在其他厂商撤离时留下来，是因为任正非看到了俄罗斯市场的巨大商机。俄罗斯人口众多，占地面积大，但通信普及率极低，只要坚守住这块阵地，便能获得可观的收益，但他没有想到，这一等就是6年的时间。

留在俄罗斯的员工回忆当时的情景时说：“天气倒是不冷，可市场太冷了，冷得我失去了嗅觉，甚至视线也开始模糊了，到处都找不到机会。除了告诉俄罗斯人‘我们还在’，唯一可做的就是等待，我们由一匹狼变成了一头冬眠的北极熊。”在几年的时间里，华为员工拜访了大量的用户，希望他们能够尝试使用华为的产品，然而收效甚微。

当时为了让客户深入了解华为，华为的销售人员不得不做好标书，然后挨个儿寄给客户。这是一个很“笨”的方法。当时华为驻俄罗斯团队的相关负责人回忆说：“我们当时最兴奋的事就是能够见到客户。其实我们心里也清楚，这些标书送过去不可能中标，因为我们连客户的面都没见过。但是我们希望标书发过去以后，客户会读我们的标书，通过读我们的标书了解华为，了解华为的产品，这样我们再和他们接触的时候，他们会对华为有一个基本的印象。”

在整整6年的时间里，华为在俄罗斯市场只签订成了一单生意，仅为38美元。签订这笔订单的华为员工是李杰，他在《环球企业家》中回忆说：“传来的消息中是有多少运营商即将倒闭，有某某对手退出了市场的争夺，有打官司的，有清理货物的，官员们走马灯似的在眼前晃来晃去。”

对于任何一家公司来说，这都是无法忍受的，但是华为看准了俄罗斯市场，并且依靠锲而不舍的精神让俄罗斯人深受感动。即便没有生意，华为人也没有停滞不前，他们继续向用户宣传着华为的技术和产品。经过6年的坚持和付出，华为终于迎来了收获的季节。

2000年，华为获得了乌拉尔电信交换机和莫斯科MTS移动网络两个项目。2002年，华为成功获得了莫斯科到新西伯利亚国家光传输干线的项目，全长3797公里，是个实实在在的大生意。尝到甜头之后，2005年，任正非更是在俄罗斯市场投入了850万美元，建设和充实了华为在俄罗斯的市场。到如今，华为在俄罗斯已经达到了几十亿美元的年收入。

华为也终于实现了当初的设想，在俄罗斯成为首屈一指的电信厂商，与俄罗斯政府和厂商建立了长期的合作关系，并积极投建俄罗斯的网络，得到俄罗斯政府和民众的认可。即便如此，华为在拓展市场之时，也不忘继续参加活动和展览，扩大自己的影响力。

在俄罗斯市场坚守着的华为，不仅是在为自己正名，也是在为中国企业正名。之后，在俄罗斯站稳脚跟的华为邀请大量客户来中国和华为参观，向他们展示这条东方巨龙的魅力。华为将客户接到国内，由北京入境，经上海、深圳，再从香港出境，让他们参观工厂、设备的同时也领略了一下中国的大好河山。这条线路还被政府和许多厂商命名为“新丝绸之路”。

华为还自发印了宣传册《华为在中国》，将“新丝绸之路”中看不到的中国建筑和风景的照片展示其中，最后附上华为的产品情况，许多客户由此了解了中国和华为，让他们对二者有所改观。有些人觉得华为这样做根本没有必要，但是对于任正非来说，改善中国以及中国企业在外国人心中的形象对任何一个中国企业都有帮助，华为这样做实际上也是在为自己进一步占领国际市场打好基础。

除了对外宣传自己之外，任正非也意识到想要在俄罗斯生存下去，就需要想办法了解俄罗斯的相关情况。任正非很喜欢《钢铁是怎样炼成的》这部巨著，也很喜欢俄罗斯电视剧里面的歌曲，这让他有机会更加全面地了解了俄罗斯的文化。

为了生存和发展，任正非的确做了很多工作，对于他来说，俄罗斯市场不是单纯的一块市场，这里寄托着他的梦想，也是他证明自己想法的一块土地。香港的市场开拓虽然艰难，有一定的文化差异，但香港人的思维方式和行事原则与内地仍有相似之处，所以华为在融入香港市场时并不费力。但俄罗斯不同，巨大的文化习俗差异令华为手足无措，如果不能知己知彼，那么就可能会在市场上犯错。此外，对于任正非来说，只有在文化习俗都不同的俄罗斯市场上立足，华为才能找到迎合国际市场的方法，才能更好地在不同文化的国家之间找到生存和扩展的契机。

3. 突破非洲与拉丁美洲的困局

当华为在几大市场一点点站稳脚跟的时候，任正非对于华为即将面临的问题仍旧比较关注。事实上，华为之所以能够开拓香港市场，里面有“大家都是中国人”的因素，而在俄罗斯的成功则和相关的商业环境有关。如果和记电讯的时间更加充裕，如果俄罗斯不出现金融危机，那么华为该如何顺利打入市场呢？这是任正非思考的问题，而这种思考有助于华为找到更好的方法拓展国际市场。

毕竟，接下来华为想要在国外市场上立足，就没有这么多的扶持和幸运因素了，他们需要凭借自己的实力说话，用产品和服务让人心悦诚服。当然，华为仍旧主打“农村包围城市”的战略，为此，任正非还提出了一个著名的“盐碱地”战略。

在内部某次财经变革项目规划汇报会上，任正非特意提到了“盐碱地”的概念。所谓盐碱地就是盐类集积的一个种类，一般是指那些盐分过高的土地，土壤中高含量的盐分影响到作物的正常生长，而一些严重的盐碱土壤地区甚至会抑制作物生长，导致寸草不生。在任正非看来，国际市场也分为“肥沃的良田”和“贫瘠的盐碱地”，肥沃的土壤早就被人占领了，而那些产出量很低的盐碱地往往被人忽视，毕竟由于国际环境、政治因素、战争风险、环境因素的影响，这些市场上投入产出比远远低于其他地方。

在任正非看来，这类市场是西方那些大公司看不上的，他们不太可能冒险进行投资，而华为完全可以依靠自己的努力占领这些市场。那么哪里才是合适的盐碱地呢？华为在进行考察和分析之后，将目光锁定在相对落后的非洲和拉丁美洲。

非洲和拉丁美洲等地自然条件恶劣，土地贫瘠，经济落后，加上常年的战乱和疾病，使得外商一直不敢轻易进行投资，这对于华为来说则是一个千载难逢的机会。尽管华为人也害怕战乱和瘟疫，也害怕自然环境的威胁，但是潜藏的巨大市场让他们忘记了这些威胁。

不过，这些地方的生意并没有想象中的那么好做。华为人去很多地方竞标，无论是非洲，还是拉丁美洲，中标的寥寥无几。当时非洲市场的负责人回忆说：“刚到非洲，面对25个国家、4.5亿人口、地盘差不多是中国两倍的一个陌生市场，没有人知道华为公司，甚至都不太了解中国，一切都要从零开始。”

从零开始，对于华为来说并非第一次，也不是一个最大的困难。凭借自己的经验，华为一开始就在市场上寻找合适的合作商，通过这些本地的合作商来打开市场缺口，然后再逐一提高市场占有率。与此同时，华为尽力为客户提供优质的服务，这让很多用过华为产品的客户印象深刻。过去他们对华为的产品并不熟悉，对于华为产品的质量也没有把握，但是使用过后，都纷纷竖起大拇指，此时他们也开始渐渐接纳华为。

拉拢客户并不是什么难事，关键在于如何营造一个好的工作环境。即便此前做好了足够的心理准备，但是真正深入到非洲这些地区，华为人还是被残酷的生存环境所震惊。比如在挺进刚果市场时，当地正发生战乱，一伙人在办事处兴高采烈地讨论市场计划，屋外就突然响起了枪声。一颗子弹直接射到了屋内的墙上，这把在屋内开会的华为员工吓得不轻。当时整个办事处有30多名员工，他们都很害怕，赶紧在屋内找地方藏起来，有的打电话、发短信，有的甚至开始写遗嘱。

虽然事后没有员工受伤，但是如此近距离地接触战争还是让他们心有余悸，这个时候所有人都意识到自己在非洲开辟市场真的是拿命在赌，但没有人就此退缩。因为动荡的刚果是个资源丰富的国家，所以吸引了很多西方人的注意，早在华为进军前，这里最大的电信供应商是阿尔卡特和西门子。其中，阿尔卡特是以设备融资的方式进入市场的，因雇用了大量的员工生产设备，成本很高，这让阿尔卡特很早就萌生退意，对于其他通信商来说也是如此。可华为并不担心利润微薄，因为华为的人力成本并不高，产品向来拥有低价的优势。

2004年，华为与沃达丰合作肯尼亚的智能网的改造与升级工程，这是华为在非洲地区的第一笔订单。为了树立良好的品牌形象，华为员工对整个项目非常严谨，尽量将每一个环节和细节都考虑周到，并及时做好沟通工作。在过去，华为虽然拥有办事的速度，拥有良好的服务，可是不知道如何控制流程，这一直以来都是华为的弱项，而通过这一次的合作，华为开始有意提升自己的流程管理。此外，华为也开始认识到自己身上的责任并非仅在于给用户提供产品，对于社会责任，华为也必须一肩承担。

这一次的成功让华为在之后的市场拓展中显得更加游刃有余，2006年，华为在毛里求斯建立了非洲第一个3G商用局，之后在南非又建设了南非最长的一条通信网络，并且用10年的时间在南非实现了10亿元的销售额，现在也一直处于增长中。

在开拓拉丁美洲市场的时候，华为同样遭遇了很多困难。相比于北美洲的美国和加拿大，拉丁美洲大部分国家并不富裕，经济实力有限，拉丁美洲人通常都只说葡萄牙语和西班牙语，双方存在严重的语言障碍。最重要的是，拉丁美洲地区在20世纪90年代爆发了严重的金融危机，经济环境持续恶化，他们根本没有多少资金进行电信方面的建设。而当时拉丁美洲国家的电信运营商大多是欧洲公司和美国公司，因此采购权实际上在这些公司手中。还有一个重要原因是，很多拉丁美洲国家当时并没有和中国建交，尤其是中美洲和加勒比地区，华为想要在此进行业务拓展，其困难程度可想而知。

当时，华为选择以经济相对发达的巴西作为切入口，因为巴西向全球市场开放，虽然竞争压力大，但是同样也是一个机会。1999年，华为在巴西开设了拉丁美洲首家海外代表处，并且很快就在巴西投入了300万美元，希望能够快速打开市场，可是巴西市场只相信欧洲企业的产品，且对于华为公司闻所未闻，因此非常排斥。此外巴西的经济发展严重失衡，而且社会环境非常糟糕，这让华为一直没能顺利进入巴西市场。

在其他拉丁美洲地区，华为同样四处碰壁。为了解决这些问题，华为一方面将主要精力放在其他国际市场上，另一方面则坚持加大攻坚力度，不放过任何一个机会。2004年，经过5年的努力，华为才与巴西主流运营商CTBC合作，帮忙负责建设新一代移动通信网络，由此获得了巴西市场的第一份合同，而这也是华为在拉丁美洲市场的第一份合同。在那之后，华为依靠出色的技术、实惠的价格以及良好的服务，快速征服了巴西市场，并借此打开了拉丁美洲市场的大门。

2011年，华为宣布在巴西投资3亿美元建设研究中心；2012年，华为在巴西的总营业额达到20亿美元。而与此同时，华为在拉丁美洲其他国家的发展也非常迅速，比如，在阿根廷市场，华为成为主要供应商；在智利，华为则是智利所有大电信商的合作伙伴，2010年，华为在智利的销售额突破2亿美元。即便是小国委内瑞拉，在2007年，华为也获得了该国光纤骨干网络建设的大部分合同，2012年，华为在委内瑞拉的雇员达到了1400人。而在秘鲁、玻利维亚、多米尼加和厄瓜多尔等国，华为一样在市场上获得了很大的突破。

到了2013年，拉丁美洲地区成为华为业务增长最快的海外市场，拥有除亚洲之外最多的雇员（雇员超过1万人）。华为与拉丁美洲14个国家有业务往来，设置了19个工作站、3个软件开发中心和3个培训中心，在电信技术以及基础设施方面，华为成为拉丁美洲市场的领跑者。

经过辛勤的耕耘，华为在非洲和拉丁美洲建立起了广阔的市场，它也成为这一时期发展速度最快的通信设备制造商之一，更是成为中国资本进行全球扩张的典范。而借助在非洲和拉丁美洲等地的发展，华为有了更多的资本去和西方企业一决高下。

4. 拓展中东与亚洲市场

兰德公司是美国重要的战略研究机构，尤其以军事参谋著称，在政治、社会和经济等多个领域颇有建树，被外界称为“大脑集中营”“超级军事学院”。作为世界上最负盛名的决策咨询机构，兰德公司有一条著名的论断：“世界上每100家破产倒闭的大企业中，85%是因为企业管理者的决策不慎造成的。”

任正非对此一直深有感触，他明白自己在华为中的分量，也意识到自己的决策可能会对华为产生的影响，所以在制定每一项决策时，他都会尽可能地保证不出错，尤其是进入国际市场之后，他对每一项决策都保持着慎之又慎的态度。虽然华为在中国香港、俄罗斯、非洲和拉丁美洲等地的发展势头还不错，但是这并不意味着华为可以高枕无忧，任正非想得更多的是华为接下来的路该怎么走。任正非知道自己的决定关乎华为的生死存亡，而一旦自己出现失误，那么华为可能会陷入万劫不复之地。

在这种情况下，任正非变得更加谨慎，有人建议患上焦虑症的任正非休息一下，但是在国际市场扩张的关键时期，任正非不敢有丝毫的放松。幸运的是任正非再一次做出了正确的选择，做出了合理的决策。他没有让华为固守非洲和拉丁美洲的大本营，也没有贸然地要求华为进军欧洲市场，而是将目标转向中东和亚洲市场。

华为在中东地区最先瞄准的市场是沙特地区。沙特位于亚洲西南部的阿拉伯半岛，是个自然资源十分丰富的国家，同样也是一个福利待遇诱人、较为富裕的国家，这一切对华为来说都是很大的机会和挑战。沙特对于产品的要求很高，不仅在技术、外观和价格上有要求，对于工作细节也不放过，而最让华为人感到头疼的是如何克服文化差异。

沙特人的家庭观念很重，他们希望更多地陪伴家人，因此在休息时间几乎不工作，而且平时也是得过且过，并不会在工作上太过上心。另外，沙特属于伊斯兰国家，且十分虔诚，沙特人每天都要准时祷告，除了身家性命的大事，他们都会如约到清真寺祷告，所以他们也不会抽出大量时间来谈论工作的事情。这些给华为的销售工作造成了很大的困难，有时，华为员工正在与对方谈产品，结果祷告时间一到，对方毫不犹豫地催促着华为员工离开，完全将合作的事情抛之脑后。

华为人一直都是出了名的赶工者，只要布置了工作，肯定会加班加点完成，因此他们对于沙特人对工作的不上心感到不解，而文化差异直接影响了华为在沙特地区的市场开拓。华为只能耐心等待，同时想办法融入到对方的文化习俗当中去。

而华为真正意义上谈成的一笔大生意，要感谢当地的朝圣。沙特有两处伊斯兰教的圣地——麦加和麦地，每年举办的麦加朝圣是伊斯兰教最大的活动。这项活动虽然在一定程度上耽误了华为的工作，可是每年都会有大量的穆斯林涌入，其中大约有300万人会使用通信网络，短信、电话和视频都会被使用，这对华为来说是一个很大的商机，任正非自然不会放过这样的机会。

之前阿尔卡特和朗讯、爱立信都承接过这一项目，但最终结果均不令人满意。华为2005年开始接触这个项目，并在2006年从其他厂商手中完全接过了这个项目。为了让这个项目顺利进行，华为尽可能地迎合了麦加地区的习俗。由于麦加是穆斯林的圣地，只允许穆斯林进入，因此华为直接从中国调来了大量穆斯林员工，他们与当地的穆斯林员工一同进入其中修建项目。这一次的工作完成得非常好，沙特那边对此非常满意，所以他们干脆将2007年圣地的通信工作也交给华为。从这一刻起，华为开始引起沙特的关注，并且赢得了对方的信任，不过对于华为人来说，想要进一步拓宽沙特的市场，需要做的还有很多。

2007年7月，华为与沙特科技城签订合同，至此，双方的合作才有了实质性的进展，彼此之间在研发和人员培训方面也有了更深入的交流。当时，华为通过建立培训中心的方式帮助沙特培养通信方面的人才，并且在沙特最好的大学里招聘员工。通过几年的耕耘，华为的品牌效应开始在国际市场上显现，很多沙特人都对华为有比较好的印象，因此，华为只需要用市场价或稍高一点点的价格就能招聘到潜力不错的人才。而一旦提供了就业机会后，员工们又会将华为这个品牌进行宣传，这使得华为在沙特有了更好的名声。

经过几年的经营，沙特已经成为华为在中东地区主要的市场，当地的华为员工达到400余人，其中60%以上是外籍员工。华为在沙特地区树立起了自己一线品牌的形象，而沙特的成功让华为在开拓中东市场时更加得心应手。2008年，华为在科威特建立分公司，设计并建设了当地卫生部的e-Health网络，通过该网络，病人可以直接查询自己的病历，这样既方便医生问诊，也方便病人了解病情，华为提供的可谓是一项成功的社会服务。更重要的是，网络运行后一切良好，仅仅是这样一个项目就让华为彻底征服了科威特人，接下来华为顺利占领了当地的市场，为当地许多企业提供优质服务。

正当华为在中东地区市场不断成熟和扩张时，雄心勃勃的任正非开始将目光放在亚太地区。如果说中东地区因为资源丰富而普遍比较富裕的话，那么亚太地区的发展则显得有些失衡。日本、韩国、新加坡地区的通信质量高，经济发展水平也高，而像菲律宾和斯里兰卡等地的通信则显得比较糟糕，缅甸、孟加拉等地更是如此。在面对不同的国家和客户时，华为要求每一个员工一视同仁，坚持以正面积极的态度面对用户，并为他们提供最好的服务。

在通信发达的地区和国家，华为不仅提供最好的技术和服务，还在价格上提供很多优惠，这样就加大了竞争优势。在通信产业欠发达的地区，华为向他们提出几点建议：首先，要增加国际对于通信产业的重视，将网络服务推行到每个家庭；其次，提倡政府推行通信产业，鼓励电信投资；再次，政府要为企业分配充足的资源，让企业合理发展；最后，政府要参与其中，制定可行的战略部署。这几点建议让华为在亚太一些不发达地区获得了更多的关注，而良好的服务则让华为赢得了这一地区客户的信任，这也为它大举攻占亚太市场奠定了基础。

在亚太市场上，华为通常都会采取低价策略，因为当时的亚洲经历过金融风暴，大家普遍都追求高回报率的投资，而此时的华为以低于对手30%的价格来进行竞争，自然轻而易举地拿下亚太市场，如老挝、越南、柬埔寨和泰国等地。

除了价格优势之外，华为也不忘提升技术，比如在进入印尼市场时，印尼的客户非常挑剔，他们对于西方企业的产品有着强烈的认同感，而对于其他外来品牌则大力排斥，因此当华为进军印尼时，迟迟打不开市场。印尼人根本不知道华为这个品牌，也不相信华为产品的质量和性能会有多好，但华为还是耐心地等待，公司加大力度集中投资ICT领域，并且花费数年时间提高自身的技术，这才让印尼人意识到华为是一个技术过硬的品牌。

多年来，华为在中东和亚太地区双管齐下，不断开拓自己的市场，并获得了很大的成功，这种成功一直延续到了现在。2013年6月，在新加坡举行的亚洲通信大奖颁奖典礼上，华为斩获“年度最佳供应商”的称号，这已是华为连续三年获得此项荣誉了。2012年，华为在中东地区的收益达20.8亿美元，由此华为成为该地区信息通信市场的领军。2016年5月2日，华为在迪拜卓美亚古堡酒店召开了中东渠道大会，众多华为用户参与其中，与华为共商未来的渠道走势和应对之法，华为强调了未来的发展方向，他们将继续投入研发，要为用户带来创新性的产品。此时的华为已经摇身一变成为中东地区首屈一指的供应商，为中东的各个行业提供信息设备和技术扶持。

这越来越多的荣誉和成就，不仅显示出了华为人的努力，同时也展示了华为人出色的决策能力和良好的方向感，如果不是选择了正确的扩张路线，那么华为的发展将会受到影响。中东和亚太地区的扩张不仅让华为变得更加强大，同时也为它顺利进军欧洲市场奠定了基础。通过前面一系列的发展，华为已经变得越来越成熟了，也有足够的能力进入欧洲大本营来挑战那些国际巨头企业。

5. 征战欧洲

如果将华为此前的国际扩张路线进行梳理，就会发现尽管华为在国际市场上风生水起，但所占领的都只是一些边缘市场，对于真正通信产业强悍的地区，尤其是欧洲市场，华为一直不敢贸然挺进。虽然欧洲市场是一块巨大的蛋糕，十分诱人，但是这里强手林立，竞争压力超乎想象，如果没有积累足够的实力，华为贸然闯入只会被对手们轻易击溃。

华为之所以制定先从亚、非、拉市场入手的国际扩张路线，有一个重要的原因就是为了积累经验和实力，可以说在亚、非、拉等地的扩张就是华为进入欧洲市场的一个跳板。所以当华为在这些地方获得成功后，也就迎来了最佳的入欧时机，但是欧洲市场显然不比其他地方，刚刚将脚迈进欧洲大门的华为，还没来得及反应就栽了一个跟头。

当时，华为的第一站选择了南斯拉夫，这是建立在南欧巴尔干半岛上的一个国家，在历经战火洗礼之后，由许多小国聚集而成。作为欧洲市场上的边缘国家，南斯拉夫与老牌强国相比有很多劣势，而这正是华为所看重的。在华为的盘算中，只要占领了相对薄弱的南斯拉夫市场，那么就能够将自己的影响力和势力逐步辐射到整个欧洲。理想非常丰满，现实却始终不尽如人意。

1997年，华为与南斯拉夫邮电部进行第一次洽谈，对方明确表态希望知道价格。这在此前的市场拓展中并不多见，可是为了尽快促成这笔生意，华为竟然真的将自己的底价告知对方。可这样的低报价并没有换来对方的合作，在南斯拉夫邮电部看来，华为提供的价格如此低廉，无疑是一场商业陷阱，或者说华为的技术与产品不具备竞争力。令人气恼的是，对方直接选择了报价高于华为的阿尔卡特。

接下来的几次谈判也都是以失败告终，过去的那一套商战策略在欧洲市场几乎不起作用，因此华为打算先撤离南斯拉夫，将目光锁定在巴西身上。不过巴西市场的情况显然更加复杂，巴西人根本不接受华为这样一家名不见经传的中国厂商，这样的偏见让华为进入巴西市场整整延迟了5年。

接二连三的失败着实给华为泼了一盆冷水，这个时候任正非意识到想要开拓市场，必须找到一个合适的突破口才行，不能依靠蛮力和主观愿望硬闯。所以任正非决定在国际市场上加把力，他派出华为的技术骨干继续扩张东南亚、中东、非洲和拉丁美洲等地的市场，同时特意派出一支精明强干的队伍拓展欧洲的高端市场，希望能够找到一个缺口。

经过一段时间的观察和分析，任正非发现品牌影响力在国际市场上深受重视，比如欧洲运营商选购产品时会率先选择西门子、爱立信等长期占据欧洲市场的品牌，美国运营商则偏爱朗讯、北电等厂商，这些厂商都是在本土发展起来的国际品牌，他们选择时会更有底气和信心。虽然华为曾在中国市场上击败了这些对手，可是到了国际市场，华为的技术和价格都难以占到太大的优势，而且华为作为一个外来的企业，往往难以赢得欧洲人的信任。更重要的是，欧洲的本土厂商已经发展出了比较完整的系统，它们在欧洲本土也已经根深蒂固，外来者很难立足。

对于任正非来说，进入欧洲市场的难度确实很大，华为的胜算非常小，可是如果不进军欧洲市场，那么华为之前的准备都会功亏一篑，华为也始终会被当作是一家只会在边缘地带生存的二流企业或三流企业。所以面对困难，华为必须拿出最佳的状态去寻找更好的机会。

这个时候，任正非意识到或许应该采取一些国内市场上的老办法，即进入到欧洲市场最艰难的环境中去，这些地方常常不被欧洲大企业重视，如果华为可以征服这些市场，那么就可以借助这样的机会在欧洲市场上建立自己的势力范围，然后一步步扩大市场。正因为如此，任正非下令销售人员进入欧洲最穷、最艰苦的地方，进入其他厂商不愿意去的地方开拓市场。

在欧洲市场上，华为损失了许多优秀员工，他们有的遇到空难，有的遇到海难，有的遭遇恐怖袭击，其中有很多就发生在那些偏远、落后的地区。可即便如此，华为人仍旧在想办法打开欧洲市场的缺口，而这种坚持终于得到了回报。

有一次，一家名为INQUAM的英国跨国移动运营商，发现了一个商机，这家公司发现葡萄牙是一个非常优秀的旅游胜地，每年会吸引2000万游客，于是就想在葡萄牙开辟自己的通信业务，而偶然的一次，这家公司听到很多游客抱怨在葡萄牙无法顺利接听CDMA电话的事情，于是灵机一动，准备在葡萄牙建立CDMA网络，并且还制订了一份CDMA的网络投资方案。由于这家公司的实力非常有限，只能邀请北电、朗讯和摩托罗拉北美三家企业一起投资，可是这三家公司提出的报价远远超出了INQUAM的预期，因此INQUAM只能放弃这个计划。

就在这个时候，CDMA的专利巨头高通公司向INQUAM推荐了华为，INQUAM并不清楚华为的实力，不知道对方能否满足自己的运营规划和发展愿景，不过由于实在找不到合适的合作商，只能将就着试一试。对于急于打开欧洲市场的华为来说，自然不会放过这样的机会，所以它拿出十二分的精力来做这件事。

华为提出了一个更为廉价的产品解决方案，这样的报价只有之前北美三家电信巨头的1/3。除此之外，华为提供的CDMA设备可以覆盖整个葡萄牙，并提供同步国际漫游、多媒体视频聊天、PTT、无线公话等端到端的服务。华为提供的这个方案迅速引起了INQUAM的兴趣，而接下来华为的设备按照国际标准在实验室里经过了十几次测试，测试结果全部合格。

接下来，依靠华为的帮助，INQUAM顺利地在葡萄牙建立起欧洲第一个CDMA商业网络，而华为也因为这一次的合作在欧洲开始获得初步的认可，其CDMA产品也顺势进入欧洲市场，并快速扩展到亚洲、拉丁美洲、非洲等地区。

而且华为开始依靠这一次建立起来的信心和人脉，主动与欧洲著名的代理商进行合作，并利用更低的价格迅速打通了德国、法国、西班牙和英国市场。不仅如此，华为在打开欧洲市场的时候，还注重对外宣传，几乎每一次的大型展销会，华为都会参加，一些欧洲举办的展销会，华为更是不会落下，因为任正非明白只有多露脸，只有多宣传自己，才会让欧洲人更加了解华为，也才能够赢得欧洲人的信任。在展销会上，任正非要求员工必须详尽地介绍自己的产品，而不是像其他西方巨头一样因为害怕技术泄密而遮遮掩掩。

很显然，通过大力宣传，华为渐渐在欧洲树立了名声，越来越多的运营商开始了解华为，并主动接触华为。不过对于任正非来说，这只是进军欧洲市场的第一步，接下来华为必须走得更远一些，也必须在竞争激烈的欧洲市场逐个去击破那些强大的对手。

6. 逐一击破

华为进军欧洲的最终目的是占领欧洲主流市场，不过作为欧洲通信市场的主力军，这些财大气粗的欧洲国家大多是世界通信品牌的发源地，华为想要在此分一杯羹并非易事。好在它已经在边缘市场站稳脚跟并且建立起不错的品牌形象，这给了华为人极大的信心。

华为最先选择的目标是浪漫之都——法国。1996年，法国通过《电信改革法案》，开放了法国的电信市场，许多电信厂商纷纷入驻，华为顺势而为，选择此时进入法国市场。最初华为不愿意与本土的电信大佬过多竞争，不直接向用户卖设备，而是选择与其他企业合作。

他们通过一家代理商找到了阿尔斯通，这是一家成立于1958年的领军型企业，他们致力于全球轨道交通、电力设备和电力传输基础设施的建设，并以创新环保技术闻名世界。阿尔斯通承接了许多法国的电信项目，而华为则负责为其提供设备和技术，双方展开了第一次合作。这一次的合作让双方都很满意，双方也有意继续扩大合作，而华为则趁机一步步打开了法国市场。

但华为并不想一直走类似的合作之路，首先，在这种合作中，阿尔斯通始终戴着主角光环，华为即便付出得再多，也达不到宣传自身的目的；其次，整个合作的利润空间太小，华为有时候甚至做亏本生意。但是华为并非一无所获，至少通过这次合作，它和阿尔斯通建立起了比较亲密的合作关系，这对于日后的发展有很大的帮助。

华为在欧洲市场的负责人曾说："华为要想在等级森严的欧洲做生意，一开始必须找到合适的代理商和合作伙伴，也只有通过代理才有可能见到运营商。对于在国内与运营商天天见面的华为来说，这种间接的销售方式非常不习惯。但是，这也是没有办法的办法，在欧洲，华为必须学会'借力打力'。"

对华为来说，借助代理商只是第一步，想要进一步扩大自己的影响力，必须想办法独立完成某个项目，这才是证明自己的最佳方式，而华为也很快等到了这样的机会。

2001年2月，法国电信运营商NEUF想要在法国全境内建设一条光输网络，一开始他们接触了好几家厂商，可是这些厂商的报价太高，让人望而却步。这个时候，老伙伴阿尔斯通向NEUF推荐了华为，对方勉强同意让其一试。NEUF的CEO米歇尔·保兰曾经诚恳地说："一开始我们对华为并没有把握。只是由于这家代理商的竭力推荐，我们才同意让这家从来没有听说过的中国公司试一试。"

对华为人来说，被欧洲人看轻已经成为一种常态，但是只要给华为人一丁点儿的机会，他们就能够做出让人刮目相看的业绩。为了能够持续合作，华为在这笔生意上选择让利，表示愿意以极低的价格在两个城市建立起新的网络格局，先运营三个月，然后交给NEUF验收。

华为提前完成了两个城市的网络建设，运营结果让NEUF十分满意，米歇尔·保兰对华为由衷地表示赞赏："这为我们节约了至少10%的投资，而且我们获得了想要的速度。要知道，几年前所有的市场都是法国电信的，而现在我们已经成了它最大的竞争对手。为什么？无非是我们动作更快一些，更冒险一些；当然，我们的价格也比法国电信便宜一些。"这其中的速度、价格都要归功于华为，而华为也借助这一笔单子成功打入欧洲主流国家的市场。

在那之后，法国成为华为的一个重要市场，2007年，华为率先在法国建立了研发中心，雇用了许多当地员工，拉动了当地的就业市场，同时也介绍着中国的文化，凸显着中国的科研水平。如今，华为已经陆续在法国建成了三个科研中心，它们不仅为欧洲市场提供创新产品，也在向全世界输送自己的力量。

而在开拓法国市场的同时，任正非还将目光瞄准了英国。作为工业文明的发源地，英国一直是一个具有绅士风度的国家，也是一个非常注重原则的国家，英国人总是严格按照自己的准则行事。在英国市场上做生意往往会比较困难，比如在通信行业，英国电信招标的对象往往是已经具有英国认证资格的厂商，没有认证资格的厂商连竞标的资格都没有，而英国的认证恰恰是整个欧洲最严格的。

比如2000年前后，欧洲正式发放3G牌照，华为于是准备在欧洲市场上拓展自己的3G业务，可是想要获得欧洲市场的认可，华为必须获得资格认证，即获得普通投标者、供应商、战略供应商、战略合作伙伴等不同类别的资格。当时华为一直想进入英国电信的重要潜在战略供应商级别，可这一般需要40个小时认证；一些战略合作伙伴则必须接受200个小时全面而彻底的认证。正因为条件苛刻，通过认证的难度很大，当时的英国电信在全球范围内，也不过三个战略合作伙伴而已。

这样的难度系数是华为从来没有面对过的，很多人都认为华为肯定会因为无法通过供应商资格认证而退出竞标活动。而当时很多欧洲人都对中国企业带有偏见，他们认为中国企业进军欧洲市场只会采取一些低价和倾销的低劣手段，只会在欧洲进行投机。但任正非铁了心准备在英国开辟市场，他准备接受英国电信的认证和考察，以表明华为进入欧洲市场并不是出于投机的目的。

2003年11月，华为第一次经历了为期4天的认证，英国电信采购认证团对涉及业务管理的12个方面进行认证。当时英国电信的专家提出一个问题："从端到端全流程的角度来看，影响华为高质量将产品和服务交付给客户的五个最需要解决的问题是什么？"结果到场的那些华为最有经验的流程专家、质量专家和公司高层中没有一个人能够回答得出来。

这时候很多人都在看华为的笑话，华为内部也出现了动摇，有人建议任正非放弃接受认证，但任正非知道，如果华为想要在英国投资，那么就需要遵守这里的商业规则。所以接下来的两年时间里，华为花了大量时间和精力重新准备认证。2005年，华为终于通过了英国电信的考察，在技术、管理、安全标准、环保标准、员工福利待遇、工作环境等方面全部通过了认证，由此成为英国电信的供应商之一。

在英国的一位华为管理层人士说："这已经不仅仅是为了英国电信，而是为了真正接近世界级电信设备商的管理水平。今后都是硬碰硬的较量，取巧不得，所以华为被认证的过程其实比认证的最终结果对我们更有意义。"

拿到认证书的华为顺利入围了"21世纪网络"供应商之列，并在几轮筛查之后，成功入选成为"21世纪网络"的供应商。2005年12月23日，华为与英国电信签订了正式合同，标志着华为正式被英国接受。

随后的项目，华为从设计到完成都给英国电信部门留下了深刻的印象，英国人开始意识到原来华为并不比大牌厂商差，甚至在众多方面略胜一筹，这时候他们选择相信华为，决定在英国市场上给华为一个机会。

实际上，通过对英国市场的探索，华为不仅仅打开了更大的市场，获得了更多的发展机会，更重要的是意识到了一点：质量才是打开通往国际市场的大门。通用电气公司总裁杰克·韦尔奇说："质量是维护顾客忠诚的最好保证。"对华为来说，他们进入了世界上发展最好，竞争也最激烈的市场，如果想要顺利生存下去，那么就一定要注重质量，将质量当成企业经营的第一准则。

抱着这样的态度，华为开始进军德国市场。德国素来以严谨的机械生产闻名于世界，任何想要打开德国市场的外商都必须满足他们严格而霸道的要求，华为在进驻德国市场前犹豫了很长时间。毕竟德国是一块难攻的阵地，德国人严谨的工作态度会增加华为产品进入市场的时间，其间更可能会受到质疑。对于华为来说，是先啃下这块硬骨头，还是转而寻求其他市场，是一个值得深思的问题。不过对于志在称雄整个国际市场的任正非来说，德国无疑是一块最好的试金石，如果能够通过德国的检验，那么就证明华为的产品能够得到全世界的认可。

下定决心之后，华为开始寻求合作伙伴，而当时德国最大的电信运营商是QSC，只要能与其达成合作共识，华为便能在德国市场获得一个良好的开端。2005年，QSC想要在德国建设NGN网络，于是对外进行招标，华为得知后马上参与竞标。这个时候的华为在欧洲市场已经有了一些名气，因此对方也愿意给它机会。而在随后为期四个月的产品测试中，华为人展示出强大的创新能力和技术水准，他们的产品全部合格。就这样，华为成功成为QSC的设备供应商。紧接着，华为就快速完成产品，交付检验。

QSC对华为的工作效率和产品质量非常满意，该公司的总工程师在整个工程结束后表示："华为公司以其快速响应需求的能力和技术创新能力给我们留下了非常深刻的印象，其端到端的完善解决方案能够满足我们客户化的需求。我们完全相信在NGN领域，华为公司是非常理想的合作伙伴。华为公司表示，华为将以优质的产品和及时的服务履行对QSC的承诺。我们坚信，华为与QSC的合作将成为设备制造商与运营商的合作典范。"

这一次的愉快合作，让QSC对华为更加充满信心，接下来双方开始就德国最大的网络VoIP的建设进行合作。与其他欧洲国家相比，华为在德国市场的业务拓展意外顺利，与QSC合作之后，华为开始成为德国市场上的香饽饽。2008年3月，O2德国选择华为作为合作方，建设国内的GSM网络，这是O2历史上最大的搬迁项目。而在德国人眼中，华为已经成为该领域内最出色的企业之一，被视为重要的、可信赖的通信设备供应商。

随着华为在欧洲市场不停地扩张，它渐渐占据了欧洲的主流市场，并开始向荷兰进发。2004年12月8日，任正非与荷兰一家公司签订了超过2亿元的合同。这个合同对华为来说意义非凡，虽然荷兰与法国、英国、德国这三个国家无法相提并论，但是荷兰是世界上通信产业竞争最激烈的国家之一，这个只有1600万人口的国家拥有5家国际级别的通信商。华为能够从这些通信商手中抢夺市场，无疑证明了华为的技术已经是世界级别的了。据说当时荷兰在招标时提出了两个要求，一个是必须确保技术过关，另一个是满足环保的要求。而华为很快响应这些要求，建立了移动创新中心，还专门针对荷兰市场设计产品，最终在5家企业中脱颖而出，成为荷兰企业忠实的合作伙伴。

当华为的产品推出后，很多竞争对手质疑华为在搞低价竞争这种老套的手段，可是荷兰方面率先站出来解释："大家都以为华为在这个项目上是靠低价取胜的，其实不是这样的。我们关键是看中了华为对合同执行的承诺和快速反应的能力。至于价格，我可以实话实说，华为其实不是最低的。”

其实进入欧洲市场之后，华为就渐渐改变了自己的策略，不再坚持低价原则，因为对于欧洲这样的高端市场以及一些高端运营商来说，价钱并不是主要因素，最关键的还是要确保产品和服务能否帮助他们保持竞争力，能否带来足够的利润。所以，华为在欧洲市场开始注重从价格优势到质量优势、服务优势的转变，并且依靠绝对的实力来征服欧洲市场上的客户，而这也让华为成为一家更成熟、更具竞争力的跨国公司。

第六章

与巨人同行

如今的华为或许已经不再像最初那样执着地非要进军美国市场不可了，可是在华为人心中始终有一个美国市场梦。

1. 诉讼为端

华为在国际市场上的发展速度超出了绝大部分人的想象，在亚洲、非洲、拉丁美洲、欧洲，华为正以惊人的速度蚕食竞争对手的市场，正因为如此，很多竞争对手得知华为进入自己的地盘后都非常惊恐地大喊："狼来了。"可是有一个地方却是华为人心中永远的痛，那就是美国市场。

实际上，华为早就有意进军美国市场，美国的电信市场是如今世界上最成熟的电信市场，也几乎是每一家厂商梦寐以求的"温柔乡"，这里有全球最大的通信需求。但与此同时，美国本土拥有最为成熟的商家，其中有很多都是百年企业，任何外商想要在此分一杯羹都绝非易事。加上这里的通信市场已经饱和，无论是价格还是服务，都比较统一，没有一家企业可以依靠这些来保持较大优势。华为在这里根本没有太多的优势，所以进入美国市场的计划一拖再拖。任正非希望华为先在其他地方获得足够的发展空间，积累足够的资本，然后再进入美国。

与此同时，任正非也认为华为必须进入美国市场，他这样告诫所有华为人：“我们没有像朗讯那样雄厚的基础研究，即使我们的产品先进也是短暂的，不趁着短暂的领先，尽快抢占一些市场，加大投入来巩固和延长我们的先进，否则一点点领先的优势也会稍纵即逝，不努力，就会徒伤悲。我们应在该出击时就出击。一切优秀的儿女，都要英勇奋斗，绝不屈服，去争取胜利。”

由于之前华为将主要目标锁定在欧洲，因此一直没有涉足美国市场，而当欧洲市场上的一切进展顺利之后，华为就鼓足勇气进入美国市场。对华为来说，美国是一块易守难攻的阵地，坏消息是众多中国企业曾在这里败北，而好消息是，海尔集团在美国大获成功，这对华为来说是一个极大的鼓舞。

1999年，海尔决定进军美国市场，为了保证投入和产出，他们找到了一座小镇，建立起一个美国市场的生产基地。一年之后，这里生产出第一台在美国成长的海尔冰箱。随后，他们以此小镇为根据地，向整个美国辐射，输出海尔产品。作为当时最能代表中国企业的海尔集团几乎是所有中国企业的楷模，华为希望自己可以成为第二个海尔。

其实在进入美国市场前，华为已经做了10年的准备。比如早在1993年，华为已经在美国达拉斯建立了研究基地；1999年，华为在达拉斯建立了研究所；2002年，华为在得克萨斯州成立子公司，建立美国根据地，同年6月，华为的得克萨斯分公司参加美国亚特兰大举办的Supercomm 2002商展会，并且在会上宣告华为正式进入北美市场。展会上，有许多美国人走进华为的展台，参观了华为的产品，华为的工作人员热情周到地为他们介绍了华为高、中、低端系列的路由器产品，这也是华为第一次在美国展示全系列产品。

但是华为想进入美国市场显然不那么容易。据说在2002年的这一次商展会中，思科总裁就曾秘密来访。思科创办于1984年12月，创始人是斯坦福大学计算机系的一对夫妇，他们发明了一种“多协议路由器”的联网设备，将校园内的所有计算机联系起来，形成一个巨大的网络。这个设计一经出世，就引领了互联网时代的潮流。

经过多年的发展，思科发展成为全球领先的网络解决方案供应商，依靠技术，其更成为网络应用的成功实践者，他们为无数家企业提供网络服务，继续凭借技术优势引领行业发展，是通信领域内大佬级别的企业。对于华为来说，想要进入美国市场，除了朗讯等传统对手外，最需要防备的就是思科公司。

一个是当时世界上最成功的网络解决方案供应商，一个是发展速度最快的通信设备服务商和制造商，双方注定了要在美国市场发生激烈的角逐，可是当任正非还憧憬着如何与这个对手过招的时候，思科一纸诉状将其告上了法庭。

2002年12月，思科副总裁拜访华为，直接指责华为侵犯了他们的知识产权，他要求华为停止销售产品并且做出赔偿。华为意识到问题的严重性，于是同意暂停销售涉及知识产权纠纷的产品，在内部进行彻查。这是华为做出的第一次妥协。毕竟在美国市场上，任正非并不想一开始就给自己招来不必要的麻烦。不过任正非也表示华为并没有侵权行为，因此绝不接受侵权的指控。

思科方面并不满意华为的做法，他们于美国时间2003年1月22日在美国得州东部的马歇尔镇联邦法院起诉华为侵犯其知识产权，起诉书长达77页，其内容包括专利、版权、不正当竞争、商业秘密等21项罪名，这些罪名几乎涵盖了所有专利方面的指控。诉讼刚一递交，华为的形象就大打折扣。

一些比较理智的人认为，思科提出的诉讼并不那么合理，但是巧在有空子可钻。首先，美国自二战之后，潜心研究技术，无论是哪行哪业，他们都拥有世界上最为先进的技术，等到他们将产品推广到世界各地，其他国家的厂商势必会模仿生产出相同或者类似的产品。这几乎是一种商业发展的模式，是一两家企业无法改变的。

在中国市场上，这种模仿的痕迹更重。在改革开放初期，由于中国的经济刚刚恢复，企业开始大量涌现，但是这些企业缺乏技术基础，加上他们缺乏知识产权意识，只会大肆进行仿制。虽然经过十几年的发展，很多产品和技术已经脱胎换骨，但是如果仔细分析，还是会发现这些产品身上具有一些高端技术产品的影子，这几乎是不可避免的。

虽然当时华为已经走上了自主研发之路，但在产品功能的创新上仍有欠缺。他们最初的产品大多是借鉴了市面上众多厂家的产品，虽然后来有了改进，但是无论是结构还是功能上都会存在相似的地方，这种技术的同源性让对手利用了。

另外，美国企业对于科研成果比较重视，而且知识产权的保护意识很强，在发生利益冲突时，他们势必会选择以诉讼的方式保护自己。但是明眼人都看得出思科用法律武器攻击和打压华为就是在故意为之。

如果细心观察和分析，就会明白思科公司针对华为的一系列行动都是有预谋的。思科之所以在12月告知华为侵权一事，却在下一年的1月提起诉讼，就是为了争取时间。因为1月22日距离当年的春节只有

9天的时间，华为正准备进入假期模式，此时的华为正好缺乏应急反应。这个时候的华为没有机会去办理材料证明清白，也没有时间寻求帮助。

虽然有很多中国厂商对华为发起声援，可是情况仍然不容乐观。任正非知道在最近几年时间里，很少有外国企业能够在美国本土打赢美国公司的官司。

面对突如其来的诉讼，华为一时手足无措，但有一点是可以肯定的，华为绝对不会就此妥协。在那个时候，华为在国际市场刚刚站稳脚跟，如果此时输掉官司便会损害企业形象，这样一来，华为不仅无法顺利进入美国市场，还会失去此前在国际市场上辛辛苦苦打下的江山。此外，华为在国内的市场虽然兴旺，但资金流动方面十分脆弱，无论遇到任何冲击，其打击都可能是毁灭性的，而且败诉的话，华为将面临高额的赔偿金，这会进一步加重资金的困难。

对于华为来说，为了缓和与思科的矛盾，只能暂时妥协，将华为在美国销售的产品悉数召回，但这一举动在媒体看来就是华为示弱和心虚的表现，证明了华为的确侵犯了思科公司的知识产权，这个时候华为的处境反而变得更加艰难。

在过去，外国人就认为中国不具备自主研发的能力，是侵权和仿制的大国，中国企业的生存都是依靠低劣的仿制。当思科公司逼迫着华为召回相关产品后，似乎更加落实了这样的罪名。很显然，华为在这场矛盾冲突中下错了一步棋，忍让只能让自己陷入更加被动的局面。

就在这个时候，好事的媒体开始在网站上公开称华为的产品无论是外观还是设计上，都与思科的产品极为相像，他们还煞有介事地邀请思科的工程师出来讲话，说明在思科产品上存在的不足同样出现在华为的产品上。这样的舆论对华为非常不利，当时就连中国媒体的评论也开始转变方向，他们开始听信思科的一面之词，也认为华为侵犯了思科的知识产权，这让华为更加孤立无援。

虽然一切都是思科公司自己猜测出来的，但是由于他们在舆论战方面的工作做得非常到位，便觉得华为已经没有任何翻身的余地了。他们在提出诉讼之后，就觉得胜券在握，他们认为华为如果不主动赔偿和道歉，那么就只能接受法庭的裁决。

在诉讼状中，思科狮子大开口，决心置华为于死地："判决华为支付思科专利侵权赔偿金，判决华为支付思科专利侵权惩罚性赔偿金，判决华为支付通过侵犯思科专利所获的全部收益、利润，判决华为支付由于侵权给思科带来的全部经济损失，判决华为支付思科因本案而发生的合理的律师费，判决支持思科获得法定损害赔偿金以及商誉等其他损害性赔偿金……"

如果按照思科所提供的赔偿方案，那么所有要求全部加起来所形成的赔偿金将是一个超过上百亿美元的天文数字，这样的天价赔偿根本不可能，而且法庭也不敢轻易判决，这不仅会摧毁一家企业，如果上升到政治层面，搞不好还会引起两国之间的贸易大战。

当思科提出诉讼之后，任正非非常紧张，此时正在国外考察的他立即打电话给几个管理人员，嘱咐他们不要放松警惕。接着他立即与孙亚芳赶回国内，其他几位已经回家过年的高层抓紧时间返回深圳，大家一同到华为共商应对之计。那一年，大家都是在会议室中度过新年的。

正当华为想着如何应对这场诉讼时，思科公司根本不打算给华为任何喘息的机会，它在全球的近百家办事处发表声明，表明诉讼一事，并告知所有用户不要购买使用华为的产品，以免思科胜诉之后会产生损失或是连带赔偿责任。此举果然产生了效果，华为在国际市场上的合作伙伴开始暂停与华为的业务往来，并保持观望的态度。而在国内，不少公司也开始趁机抢占华为的国内市场。

2. 坚决反击，绝不退让

自从华为进入国际市场之后，还从未遭遇过这样严重的危机，这一切让任正非忧心忡忡，由于迟迟找不到解决的办法，任正非的抑郁症开始复发，而且他还被发现患上了癌症，这对他来说无疑是巨大的打击。这个时候，他更加意识到身上的重担，也不断提醒自己千万别放弃。

那个时候，严重失眠和抑郁的他几乎每晚都会大哭，可是第二天早上他会照常起来，收拾妥当后去华为工作。他不给自己堕落的机会，他逼迫着自己必须坚强起来，华为的员工正在等着他，等着他解决眼前的困难。

后来，在医生和家人的帮助下，任正非渐渐摆脱了抑郁症的折磨，而与此同时，华为也发起了一场反击战，华为骨子里的狼性不允许他们坐以待毙。大家都知道这场官司对华为意味着什么，输掉之后，华为可能一无所有。为了避免遭遇灭顶之灾，华为只能进不能退，只能赢不能输，所以做出反击成为大家商量的重点。

任正非首先任命郭平为这次诉讼的总负责人，同时给他配备了精兵强将，包括知识产权部的宋柳平，法律部的陈树实、张旭廷，公关部的李杰，华为的发言人傅军，副总裁费敏和徐文伟等，这支队伍是华为历史上最强的一支，这也足以表明任正非对此次诉讼的重视。

随后这支小组的先头部队率先到了北京，就诉讼一事进行咨询，美富北京办事处首席代表徐文炫分析之后得出了这样的结论："思科发起这场跨国诉讼没有什么不可思议的，日、韩企业的国际化均从美国起步，也遭到了类似的狙击，才有了今天的松下、索尼和三星。这个案件说明华为已经成长到令思科担忧的地步，所以才出此杀招来保护自己的利益。"他给华为支招，让华为对外发表声明："华为一直尊重知识产权，而且很重视保护自己的知识产权。华为作为一家负责任的企业，无论在何处运作，都尊重当地的法律法规，并在实践中贯彻执行。"虽然这样做未必会产生太大的舆论效果，但是至少表明了华为的态度。此外，律师还表示思科之所以选在马歇尔法院提起诉讼，是因为该法院一直对侵权对象判罚严厉，所以华为必须谨慎应对。

与此同时，华为意识到想要赢得这场诉讼，必须改变美国媒体对华为的认识。所以他们主动前往美国，并且率先与主流媒体交流。几家媒体这才对华为有了一个大致的了解，当他们得知华为早在1998年就开始聘请国际一流的企业为自己整理账目、提供管理服务时，感到非常震惊。很显然，华为居然有实力和魄力聘请国际一流企业为自己服务，这显然和传言中喜欢抄袭美国的认知相违背，无论如何，这些媒体对华为的认知都正在悄然发生改变。随着舆论战的展开，华为渐渐赢得越来越多的支持。就在这个时候，任正非意识到一点，正因为华为对美国市场的规则根本不了解，所以才会长时间在诉讼案中处于下风，如果想要彻底扭转局势，那么就需要按照美国人的规则行事。

了解到这点以后，任正非决定用“美国的方式”打这场官司。当时，华为聘请了美国甚至在世界上都享有盛名的Robert Haslam律师，他对于这类案件一直都得心应手。当时他的律师费达到了每小时630美元，但华为为了表示不妥协和决心，毅然聘请了其作为负责华为的应诉律师。之后Robert Haslam律师帮助华为找到了思科公司一个大的漏洞，那就是私有协议。所谓私有协议就是一套企业内部自定的协议标准，只适用于本企业生产的设备产品。企业制定私有协议的目的就是为了达到技术垄断，这样企业就可以获取独家高额利润。一般情况下，企业会放弃与其他企业同类设备的兼容性，力求做到一家独大。

在通信网络这一行业中，思科首屈一指，并且占有了全球80%的市场份额，他们生产的路由器很早就成为行业标准，其他厂商想要在市场上存活，就必须以他们的标准生产路由器，这也是造成市面上产品与思科产品极为相像的原因。对于按照思科公司标准生产路由器是否侵犯产权一事一直存在争论，毕竟私有协议有可能构成行业垄断，这是任何一个市场都不允许的，因此各国对于私有协议的判断也有所不同。在美国和澳大利亚，私有协议是受法律保护的，但在诸多欧洲和亚洲国家，私有协议并不被法律保护。这样一来，华为实际上就等于找到了为自己辩解的有力证据，即在中国生产的路由器并不涉及任何侵权行为。

在第一次听证会上，华为就提出了私有协议的观点，同时也状告思科有意损毁华为形象，意在打压竞争对手，尤其是污蔑华为盗用核心技术一事，给华为在全球范围内造成了严重的经济损失。在听证会结束后，华为不忘向媒体表示：“思科的行为除了遏制竞争之外，别无他途。”

接下来，华为的反击手段落到了实处，也打击到了思科公司的痛处。由于当时中国市场上80%的网络设备都是思科提供的，这相当于利用私有协议变相垄断。虽然那个时候垄断与反垄断的话题在国内很少被提及，但在国际上，垄断是一个比较严重的经济话题。任正非直接在国内发起诉讼，控告思科公司变相垄断中国路由器市场。以为胜券在握的思科公司，无论如何也想不到华为竟然会有精力进行反击，这让思科有些不知所措。

而在美国，华为也开始进行强势反击，他们又向美国得州马歇尔法院提交了一份18页的答辩词，对思科提起了反诉讼，其中罗列了90多项华为对思科的指控："在华为给法院的答复中，华为有27项否认理由；而对于思科关于专利侵权的指控，华为有32项否认；对商业保密侵占的指控有6项否认；对习惯法挪用的指控有4项否认。"华为还要求"法院判思科败诉，并请求法庭判给华为适当的强制性补偿"。

值得一提的是，当时法庭对比了华为与思科的源代码，华为的源代码有200多万，而思科的源代码则有2000多万，两者相关的只有1.7%。有人称"200万的软件去抄袭一个比你大10倍的软件，这无异于天方夜谭"。很明显，案件正向着对华为有利的方向转变。

但是华为仍旧不敢掉以轻心，任正非要求华为人必须加大反击和自保的力度。2003年3月20日，华为与美国3Com公司共同建立合资子公司，双方组建了一个名为"华为-3Com公司"（H3C）的合资企业，并向外界宣布，他们将在通信产品的研发、生产和销售上共商大计。其实早在这起官司之前，3Com方面就有意与华为合作。2001年11月，以3Com的首席技术官为首的一个代表团前往华为，参观华为的流水线，之后，他们向接待的副总裁郭平表达了合作的意愿。郭平认为这是一个机会，便对来访人员说，请他们安心用午餐，之后会有一位神秘嘉宾与他们洽谈业务。当代表团满怀期待地吃完午餐后，任正非出现在餐厅，这让对方喜出望外，结果双方很快就达成了合作共识，至此双方准备筹划合作事宜。在思科公司提起诉讼的时候，3Com公司的CEO克拉夫表态，要为华为正名，当时他直截了当地告诉媒体："华为的工程师都具有相当天赋，他们在宽大的办公室里操纵着最新的设备和软件，他们拥有我所见到过的最先进的机器人设备。"

当双方成立合资企业之后，他继续公开支持华为，再次对媒体表示："我多次去过华为，并做了为期8个月的双向认证。我以几十年的职业生涯保证，华为的技术和实力是值得信赖的。如果侵权事实存在，3Com不会冒巨大风险与其成立合资公司。"这家公司选择相信华为，一方面是因为华为技术过硬；另一方面当然有利益的因素，华为向3Com公司做出承诺，他们只需投入远远低于市场价格的1.6亿美元，就可以获得新公司49%的股份。两年之后，3Com还可以继续收购2%的股份，从而获得控股权，而华为在合资企业中要始终提供技术支持，并且毫无保留。在巨大的利益面前，3Com公司自然更愿意站在华为这一边。

而对于华为来说，与3Com公司成立合资企业就能够将双方的利益捆绑在一起，这样就可以借助对方在美国政商界强大的关系网来摆脱困境。毕竟一旦华为的官司出现任何负面影响，哪怕华为的产品不能在美国继续销售，华为依然可以借助合资企业继续销售华为产品。

面对华为一系列的反击，思科公司预感到这并非是一个能够轻易解决的竞争对手，这是一家有计谋、有胆识的企业，虽然出身于小作坊，但它的实力令人惊叹。思科公司似乎也害怕将事情闹到不可收拾的地步，毕竟华为的反击可能会对思科带来巨大的伤害，而思科自己也非常清楚这桩案子原本就非常模糊。

对于两家企业来说，硬碰硬的结果一定是两败俱伤，即便有一方获胜，也会遭受重大损失，因而他们选择了各退一步。2003年10月1日，华为与思科达成了初步协议，双方接受第三方专家审核，并将官司暂停

6个月。华为将涉案的VRP技术平台的全部源代码带到美国，接受第三方权威机构的检查，检查结果表明华为并不存在侵权行为。有了这样一份鉴定结果，危机自然也就迎刃而解。心照不宣的两家企业最后达成和解，并于2004年7月28日签署了一份和解协议。

这样一份协议对双方都有好处，对于思科来说，他们极大地减慢了华为进入美国市场的时间，从而为思科稳固市场赢得了时间。而对于华为来说，“塞翁失马，焉知非福”，本来在美国市场并不算出名且几乎遭遇灭顶之灾的华为，在与思科对簿公堂之后声名鹊起，在媒体的争相报道之下一下子成为美国家喻户晓的品牌。最为难得的是，华为由此获得了一张“海外市场的合法入场券”，在澄清了不白之冤后，没有任何人再怀疑华为，而华为也顺利拉拢了海外客户，为接下来的海外扩张积蓄了力量。

在两家企业的诉讼案子结束后，《IT经理世界》的总编郭晋华写了一篇《以知识产权为名——华为与思科的商业游戏》的文章，之后关于这场诉讼的文章此起彼伏，《对思科、华为知识产权之争中“私有协议”垄断问题的思考》《反私有协议白皮书》等多篇文章在业界流传，这些文章正确分析了华为与思科目前的形势，就诉讼一事分析了缘由和利弊，也对判决结果进行了重新解读。众多厂商和客户不再跟风走，而是开始深层次思考这起事件。

《以知识产权为名——华为与思科的商业游戏》这篇文章不仅揭示了两家企业的恩恩怨怨，分析了整个行业的状态，将电信产业的前世今生也分析详尽，更分析了世界现有几家龙头企业的状态和未来发展。文章通过一系列数据和现象，深刻地揭露了思科公司的险恶用心，而这一次华为在舆论中赢得了更多的支持。为了向外界证明华为并非是一家只靠窃取技术起家的企业，华为邀请媒体和运营商参观自己的生产基地和研发基地，让他们了解华为的技术。

而对于思科公司来说，由于这一次的诉讼没有成功，它对华为更加忌惮，虽然双方暂时握手言和，可是华为如果进军美国市场将会成为自己最大的劲敌。而在中国市场上，华为也势必会发起对思科的反击，这让思科公司忧心忡忡。

思科公司的担忧很快就得到了验证，华为公司很快就在中国市场和美国市场对思科发起挑战，双方之间这场没有硝烟的战争悄无声息间就开打了。

3. 不对立，不妥协

思科公司认为华为将会是自己最强大的竞争对手，这样的评价的确很高，可是在具体落实到竞争的措施上，思科公司所表现出来的手段就显得有些卑劣了。尽管在国际竞争中，只要不违反法律，竞争双方可以使用各种手段来打压对方，可即便如此，思科公司的做法还是与它当时的国际地位不相符合。

诉讼之后，思科公司开始想其他办法阻碍华为进入美国市场。它在私底下不断爆料华为身上具有浓重的政治色彩，这是美国政府不能容忍的，所以在美国政府的干预下，美国四大运营商和主流厂商宣布不再使用华为的产品。这样一来就等于断绝了华为在美国市场上的出路。面对这样的窘境，华为只能无奈地宣布退出。

尽管华为退出了美国市场，但任正非并不气馁。他说："华为现在还很弱小，还不足以和国际友商直接抗衡，所以我们要韬光养晦，要向拉宾学习，以土地换和平，宁愿放弃一些市场、一些利益，也要与友商合作，成为伙伴，共同创造良好的生存空间，共享价值链的利益。”

华为原本制订了进军美国市场的计划，而且这么多年来，它一直都在为这个战略目标而努力，可是当一脚踏上美国市场的时候，却被对手打了个措手不及。虽然华为的离开免不了有些许落寞和悲情的色彩，可是对于华为来说，美国之行并非毫无收获。从自身的角度来说，任正非意识到了华为存在的一些问题，最明显的就是对知识产权的不够重视，为了确保此后不会出现类似的纠纷，华为之后在产品研发和生产的每一阶段都会查找是否违反了知识产权，这种严格的审查制度让华为渐渐成为一家拥有技术纯净度的企业。过去，华为在中国市场上独树一帜，获得了诸多赞美和优待，可是这对企业来说是十分有害的，这些赞美让华为的视野变得狭窄，变得过分自信，却忽略了一点：想要进入国际市场，就需要遵守国际市场上的游戏规则。

对于华为的诉讼案，任正非曾接地气地比喻为：“你到人家的家里去做客，就得按人家家里的规矩办，不能说你是农村来的，就在人家的客厅里抠脚丫子。”对于思科公司的敌对姿态以及美国政府的贸易保护政策，华为把它看成是美国市场的游戏规则，这种见识和感悟让华为变得更加成熟和坚强。

除此之外，华为还在美国成立了一家合资企业H3C，这样就确保了华为仍旧有一小股力量活跃在美国市场上，他们有效地宣传了华为的产品和服务，很多用户都夸赞华为的产品“质量好、服务好、成本低”。

更重要的是，通过与思科公司的竞争，华为意识到了合资企业的优势，在拓展国际业务的时候，这样做可以有效降低风险。此外还有一个重要的目的就是，通过合作来拓展自己在全球的业务，并打压思科公司。在2003年3月20日与3Com共同成立了H3C之后，同年8月29日，华为再次出击，与西门子合资成立华为鼎桥通信；9月22日，华为与NEC、松下成立宇梦通信。半年的时间内，华为与四家全球顶级企业成立合资企业，这显示出华为针对思科公司所采取的不对立、不妥协的态度。

比如，华为与西门子一直以来都是劲敌，在欧洲市场上，双方明争暗斗了很久，可是彼此又都明白双方完全可以形成优势互补。当华为和3Com成立合资公司之后，西门子就主动找到华为，希望可以就全球业务的拓展进行和谈。接着双方共同出资1亿美元建立合资企业，将研发重心放在TD-SCDMA之上，共同对抗中国市场的大唐公司。对双方来说，这是一个双赢的决定，西门子拥有技术优势，却对中国本土并不熟悉，而对华为来说，自己在TD-SCDMA技术上不具有任何技术优势，而合作能让它获得技术优势。通过合作，西门子和华为形成了一股合力，双方有力地打击了大唐的业务，并由此打造了一家在TD-SCDMA领域最强的企业。

此外，一个重要的原因是，西门子是思科在欧洲的主要代理商，通过与西门子进行合作，华为就能够更好地了解对手思科，也能够了解思科通过西门子在欧洲建立起来的销售网络，这样一来，华为在面对思科的时候，就可以采取更具针对性的竞争措施。

接下来，华为一直都在密切关注思科这个对手，但凡对方有什么风吹草动，华为都会在第一时间制定应对措施。反过来说，思科也在关注华为的动向。如果说此前的诉讼是明争，那么接下来的一切行动都变成了暗斗，双方一直都在竞争，而外界对此也非常关注，因为无论谁胜谁败，都可能改变现有的行业格局和市场形势。

不过，通过之前的诉讼就已经证明了思科缺乏自信，它越来越担心自己会在竞争中败给华为。从这个时候开始，很多人纷纷猜测，在不久的将来，华为将会一举超过思科公司，成为世界上最强大的通信设备制造商。虽然当时的华为离这个目标还比较遥远，但是所有华为人已经为此开始努力了。

4. 艰难的美国之行

2016年，当特朗普成为美国总统之后，提出了“美国优先”的原则，以至于全世界都在惊呼“美国正在变成一个越来越保守的国家”。而这个口号提出的背景是：美国本土制造业不断萎缩，失业率居高不下，经济增速放缓等。如果研究美国进入千禧年后的发展态势，就会明白它如今面临的问题越来越多，发展的潜力也越来越小，经济减速成为必然。

进入新世纪后，美国看起来变得更加开放、民主和文明，但是这一切不过是舆论宣传下的假象，时至今日，美国依然是一个政治主张明确的国家，依然延续着冷战时期的落后思维，它对于社会主义国家尤其是中国的排斥非常强烈。几乎所有美国的主流媒体，都对中国发生的一切抱有偏见。

此外，美国虽然是世贸组织成员国，可是随着经济速度的放缓，国内的贸易保护主义开始抬头，为了保护本土企业的发展，美国政府经常会制定一些非常狭隘的政策来打压来自其他国家的竞争对手。很多有实力的外商进入美国市场后都会或多或少地受到制约，而中国企业更是容易遭到对方挑刺儿。虽然欧洲也有很多国家存在类似的思维，但是总体而言比美国要更加开放一些。

华为与思科其实就是一场经济领域内的政治博弈，华为所面对的不再是一个单纯的商业对手，还包括整个美国政府。任正非在一次半公开场合表示："华为全球的战略布局，唯一的困难就是美国。"

自从美国政府认为华为会威胁美国本土安全之后，华为公司进入美国市场的道路就一直很不顺畅。2007年，华为准备联合私募投资公司贝恩资本竞购网络公司3Com，预计交易总额将会超过20亿美元。事实上，早在2003年，华为就与3Com公司有过合作，双方还有一个合资公司H3C，可是到了2006年，华为与3Com公司取消合作，H3C也被对方收购。作为此次参与收购的一方，华为将会收购3Com公司16.5%的股权。

任正非当时也非常看好这项投资："这是华为的一项商业投资，我们相信通过新的业务重组后，3Com能够为客户提供更好的产品和服务，为客户带来更多的价值。"可是就在一切都谈妥的时候，美国政府突然进行干涉，理由就是华为会通过收购业务威胁到美国国家的安全。当时美国的国防安全专家们认为华为获得重要硬件和网络组件的所有权令人担心，并且他们发现3Com的产品中本身就包含了一项非常强大的入侵检测技术，它可以有效帮助客户抵御黑客的入侵，而美国国防部正好是3Com的主要客户之一。如果这些敏感技术落入华为手中，后果将不堪设想。在重重压力下，贝恩资本无奈退出交易，华为也只好放弃收购。

进入美国市场的计划再次失败，但华为并没有放弃。2010年，华为计划收购摩托罗拉无线网络业务，这一次同样被美国政府以"国家安全”为由否决，最后摩托罗拉无线网络业务被诺西（诺西亚和西门子的合资公司）公司收购。同年，华为参与了美国供应网络基础设施建设的竞标，可是当成功在望的时候，美国政府再次出来干涉，直接干预了华为竞标美国供应网络基础设施的合约。2011年，华为收购3Leaf Systems，毫无疑问又遭到了美国政府的阻挠。

正因为一直以来都会被美国政府干涉，华为才未能真正进入美国市场。而中国其他一些公司进入美国市场也或多或少存在一些阻碍，但没有几家公司会像华为这么困难，这主要是和通信行业的性质有关。可是美国政府方面一而再，再而三地干涉，让华为人感到愤怒和不理解，他们认为自己对美国根本不构成任何安全威胁，这一点在欧洲同样可以得到证明，相关国家的有关部门完全可以对华为的商业行为进行监督。

美国政府一些官员开始找各种理由来解释，比如认为华为拥有一些信息窃取技术，或者认为华为的透明度不够，其中一条就是：美国法律规定，如果公司的股东数超过499名，就必须上市，像Facebook公司就是迫于这条法律而上市的。而如今超过65000名股东的华为却没有选择上市，这一定是别有用心。

不得不说，在华为所有的国际扩张市场中，美国市场是最难啃的一块骨头，无论是政府还是企业都对华为充满了敌意，而且对方总是戴着有色眼镜来看待华为，看待彼此之间的竞合关系。但即便是这样，华为也一直期待着能够打开美国市场，也一直期待着能够进入美国市场闯荡。

20世纪90年代，任正非第一次去美国考察后，就被美国企业欣欣向荣的气象所吸引，回国后他感慨万千：“美国人踏踏实实、十分专一的认真精神，精益求精的工作作风，毫无保守的学术风气，是值得我们学习的。美国人没有像中国人那么多远大的理想，也没有胸怀祖国、放眼世界的空洞抱负，也不像我们那样充满幻想。这个民族踏踏实实、不屈不挠的奋斗精神是值得我们学习的。航天飞机，大规模硅片，超大型计算机，超微型的终端，发达而优良的电信设备、测试仪器，是美国人民的勤劳创造的，是掠夺不来的。”

任正非曾多次强调华为要向美国人学习，从日常管理、工作态度、组织结构建设、流程控制，到战略规划方面，华为从美国那里借鉴了不少好的方法，就连引入的管理体制也被他形象地称为“美国鞋”，可以说华为的成长和成功或多或少都离不开这些“美国鞋”。而更重要的一点是，美国始终是世界上的科技大国，美国的通信事业也是世界上领先的，对于华为来说，进入世界上最强大、最繁荣的市场，对华为水平的提高会更有帮助。如今的华为或许已经不再像最初那样执着地非要进军美国市场不可了，可是在华为人心中始终有一个美国市场梦。

第七章

强化内核

在很多媒体眼中，华为这个曾经跟着IBM学习经验的小弟，如今已成长为市场上的“领头羊”，反倒是帮助华为建立管理模式的IBM公司日益衰败，不得不让人唏嘘。

1. 向IBM学管理

1997年，任正非到美国访问，这期间他参观了美国休斯公司、IBM公司、贝尔实验室与惠普公司。几家企业给他留下了深刻印象，尤其是管理严谨的IBM公司。

任正非一行人在IBM待了整整一天的时间，观察他们的管理体系，听他们对于管理系统的讲解。因为他意识到，IBM在管理方面堪称专家，每个项目都有一套流程，包括“预研到寿命终结的投资评审、综合管理、结构性项目开发、决策模型、筛选管道、异步开发、部门交叉职能分组、经理角色、资源流程管理、评分模型”。世界上许多大企业都有一套完整的管理系统，支撑着企业庞大的日常事务，但类似于IBM公司如此完善而科学的管理体系，实在非常罕见。

IBM的管理制度世界闻名，但并非是一朝一夕之间形成的，它在管理制度上的花费高达几十亿美元。很多企业都制定了管理制度，但是并没有形成体系化，更多时候，他们还是将重点放在如何扩大生产和市场扩张上。此外，多数企业都不敢在管理系统上支付如此高昂的费用，所以世界上也只有一个IBM公司。

IBM是一家全球性的信息技术和业务解决方案公司，作为一家技术创新能力全球顶级的公司，它在起步不久就成为行业内的龙头企业，可是在高速发展和扩张之后，擅长技术攻坚的这家企业突然停止了前进的脚步。在发展的第13个年头上，IBM意识到自己的内部存在很多的管理漏洞，包括机构臃肿、效率低下、内部相互排斥等一系列的问题。紧接着IBM进行改革，并投入巨资来研发一套完善的管理体制。

改革之初，IBM提出了四项重要主张：保持技术领先；以客户的价值观为导向，按对象组建营销部门，针对不同行业提供全套解决方案；强化服务，追求客户满意度；集中精力在网络类电子商务产品上发挥IBM的规模优势。这些改革措施能够有效精简内部机构，不过对于一些保守势力来说，他们并不愿意见到自己的既得利益受到损害，所以千方百计从中阻挠。

这一次的改革比想象中的要困难很多，几乎让IBM面临解体，可是坚持改革之后，IBM迅速发展，很快就成为行业的第一名，而且也成为全世界最具竞争力的公司。在之后短短的几年时间里，它就在全球范围内构建起一个庞大的帝国。

任正非对于IBM经历的这些波折非常感兴趣，原因就在于华为公司也有和IBM公司当年同样的遭遇，当华为在国内市场和国际市场进行扩张时，它经历了一个发展的高峰期，可是由于管理水平滞后，导致内部出现了很多问题：内部的官僚主义作风已经开始显现；在企业缩小或是扩大的问题上骑虎难下；管理上的缺陷也在逐渐暴露；员工制度也有待建设。诸多的问题渐渐浮出水面，令任正非头疼不已。而在了解了IBM的管理制度和改革之路后，任正非似乎找到了解决问题的方法，他决定向IBM学习，在华为内部发动一场大规模的改革。

IBM的副总裁送给任正非一本哈佛大学出版的书，内容是关于企业管理的，之后华为购买了几百本送给管理层阅读。当时任正非因为长期出差和睡眠不足，身体很差，久坐一会儿就会感到累，但是这一次，一整天的时间他都没有感到疲劳。

从IBM改革一事，任正非仿佛看到了华为的未来。他表示："IBM的管理也许不是全世界最好的，我们员工中也有可能冒出来一些超过IBM的人物，但是我只要IBM……只有谦虚、认真、扎实、开放地向IBM学习，这个变革才能成功。"

下定决心之后，任正非开始研究和探讨引进IBM管理体系的问题。当时正是圣诞节假期，任正非根本无暇体验美国人的节日气氛，而是抓紧时间和管理层人员一起窝在硅谷的一个小旅馆中开会。这些人一连三天都没有出门，而是非常高效地在工作会议中拟定了100多页的讨论简报。在这个简报中，大家做了一个决定：准备从IBM公司引入先进的管理模式。

在引入这些管理制度之前，任正非还特意关注了两个重点方向。首先是创新。当时的通信企业对于创新都比较关注，但方式方法各不相同，重视程度也不一样。IBM每年投入近60亿美元用来研发，大概是销售额的10％。而国内厂商的投入明显少了一大截，1998年，华为的研发经费仅为8亿人民币。而研发经费直接影响研发成果，国内厂商创新能力的匮乏可见一斑。

其次就是财务制度。有关财务方面的制度一直是华为的弱势，在整个华为公司既没有优秀的财务人员，也没有相应的财务培训和管理体系，这是造成华为公司财务混乱的一个重要原因。任正非意识到华为如果想要成功，就一定要在财务制度上实现变革，不能让财务问题成为制约华为前进的阻碍。

除了这两个方面，华为想要引进IBM公司的管理体系还需要解决一些最根本的问题，那就是华为的管理一直都是倾向于中式的，而IBM原本就是西式的偏于正规的制度，如何做到风格转变也是一个问题。

为了确保大家能够理解这些管理模式，任正非特意请来了IBM的顾问给员工做培训。而在培训前，任正非郑重其事地告诫员工："我们让大家去穿"美国鞋"，让美国顾问告诉我们"美国鞋"是什么样子。至于到了中国后，"鞋"是不是可以变一点，只有顾问有权利变，我们没有这个权利。创新一定要在理解的基础上创新。我们要把那些出风头的人从我们变革小组中请出去。"

然而事情并没有像任正非所想的那样，这项培训工作并未引起员工的重视。在培训中，许多华为员工对这些外国来客并不在意，有的人直接趴在桌子上睡觉，还有一些人经常迟到、早退。值得注意的是，参与培训的都是华为的管理层人员。连管理层都如此懈怠，可想而知当时华为内部的管理有多松懈。

面对这种情况，任正非说："我们坚决反对搞中国版的管理、华为特色的管理。所谓管理创新，在现阶段就是要去消化西方成熟的管理。IBM是一个有80多年悠久历史的公司，而华为还处在一个学生娃、课本式的幼稚管理阶段。我们一直摸着石头过河，但我们不希望掉到河里去。"

在任正非的强制要求和开导下，华为员工开始重视起IBM顾问讲授的问题，不仅认真听讲，对于顾问提出的改革建议也勤加思考。通过听讲和思考，华为内部对引入IBM管理体系有了一些反对的声音，对于这种情况，任正非早就预料到了。对于任正非而言，真正的问题在于避免一些恶意的诋毁和攻击。

任正非要求所有华为员工要“尊重IBM顾问提出的建议，要善意地提出不同意见，善于去沟通，尊重、听取IBM的意见”。对于自视甚高的员工，他直接给予了批判：“我最痛恨‘聪明人’，认为自己多读了两本书就了不起，有些人还不了解业务流程是什么就去开流程处方，结果流程七疮八孔地老出问题。你们一定要明白IBM是怎么做的，学习人家的先进经验。我们通过培训、考试上岗，即使他认为自己比IBM还要厉害，不能通过考试也要下岗。”

鉴于可能存在的一些阻碍，任正非决定亲自督办此事，对此他这样进行解释：“任何一个变革最重要的问题是一定要落地。不能落地也不能上天，浮在中间，那是什么用也没有的。因此我认为，任何一个变革，不在于它的开工，不在于它的研讨与推行，而在于这个项目能否落地，能否真正地起到切实的作用。”很显然，他已经下定决心要将改革进行到底。

不过，支持改革并不意味着任正非就要彻底颠覆华为原有的体制，任正非说：“我们在执行一个项目的时候，一定要给基层留出一个准备的时间，留出克服困难、扫除障碍的时间，留出给他们在执行中深入理解的时间，不然一阵风刮过来，华为庆祝胜利的时候就是我们开始崩溃的时候。”因此任正非提出了一个口号“改良主义”，就是要求公司在改革过程中一点点进行改良，尽量确保一些不和谐的因素被顺利解决掉。

事实上，在20世纪90年代末到21世纪初，很多中国企业经历了第一波高速增长期，而鉴于中国企业在管理理论、管理制度方面的滞后，这些公司大都有一个重要的特点，那就是发展迅速，处于扩张期，但管理的滞后限制了企业进一步的发展。在这种背景下，国内大量的企业向西方企业学习管理，而最常见的就是花钱引入西方企业的管理体系。但事实上，有关管理究竟是什么，这些管理制度是否适合中国企业，很多企业都没有认真思考过。为了尽快改变原有的失衡状态，中国企业几乎出现了管理制度改革井喷的现象。可是盲目引进管理体系和管理制度并没有真正改善那些企业的生存环境，也没能解决高速发展中带来的问题，因此有很多企业最终被无用的体制拖垮。

华为公司也是在这一时期开始关注管理的，不过在引进先进的管理制度方面，任正非显然比其他企业家做得更好，他是真正按照自身存在的问题有针对性地寻求解决问题的方案。虽然从IBM引入这样的管理体系花费了巨额资金，但对于华为来说，这笔钱非常合算。通过管理上的改革，华为渐渐打造出属于自己的一套管理体系，并为华为日后的发展奠定了坚实的基础。

除了引入IBM的管理模式，华为公司还引入美国Hay公司的薪酬和绩效管理制度。在完善管理体制方面，华为多年来一直不遗余力，任正非也不断强调："我们要逐步摆脱对技术的依赖，对人才的依赖，对资金的依赖，使企业从必然王国走向自由王国，建立起比较合理的管理机制。"摆脱三个依赖，走向自由王国的关键是管理。业界研究华为的人很多，然而很少有人能真正深入了解华为现在变革的步伐和前沿技术的前进方向。华为的迅速成长对中国企业整体成长来说是一笔财富，然而这需要华为以更开放的心态面对同行，同时也需要真正研究华为的人能静下心来了解和研究华为。

正因为善于坚持，正因为注重管理，依靠管理制度方面的改革，所以华为重新焕发出了活力，开始以更稳健的步伐开拓市场。

2.管理矩阵

自从引入IBM公司的管理模式之后，华为经历了一系列的变革，管理水平得到了很大的提升，但任正非并没有为此感到沾沾自喜，因为他知道没有任何一套体系或者制度是完美的，总是会有一些地方存在不足，想要弥补这些不足，就需要做到与时俱进，就需要想办法不断进行改良。

而华为当时一个很大的制度缺陷在于管理系统的落后。华为自创办起就采用直线式（也称纵向式）的管理模式，即一个项目经理带着几个工程师做项目。一旦遇到什么问题，项目经理直接向上级反映；如果需要同级协作，上级便下命令让同级帮助项目经理。这种沟通和管理方式在中小企业中非常常见，可是随着华为不断成长，它的规模越来越大，这个时候管理者每天要面对的工作会成倍地增加，如果还是按照直线式的方法解决问题，那么很有可能会对管理者的工作造成重大影响。

在一个大企业中，单纯的直线式管理模式会导致效率降低，通过层层烦琐冗长的行政指挥链和等级森严的职级之后，员工之间的协助和资源整合被完全弱化了，而且不同业务板块的分兵作战又会削弱企业的反应速度。

对于小企业来说，直线式的管理方式会加强领导者的管理权，增强领导者对企业的控制，但是与此同时也对领导者提出了更高的要求，因为一旦领导者的决策在纵向型的管理模式中出现细微的偏差，就可能会让整个企业处于危机之中。

郑宝用在研发数字机的项目时就发现了纵向型管理模式的优势和弊端，所以他准备研究矩阵式的管理模式。中研部成立后，他还将自己对于矩阵式管理的诸多想法付诸实践，将矩阵式架构的设想投入到研发的系统中，随后更是在各个业务部门中开始实行矩阵式管理。在他的推动下，华为步入矩阵式管理的阵营。

这种矩阵式管理是指一种横向联系、纵向沟通的管理模式，平衡企业中的各项利益，将员工的目光聚焦在华为的企业利益之上，让部门之间的沟通更多，消除小团体现象。这种管理方式比垂直式的管理方式更加合理和高效，可以有效地将内部不同机构、不同职位以及不同职能的人员，紧密地联系在一起，这样一来就可以打造成一个整体性的、纵横交错的网络，促使事业分工和专业职能分工有机结合起来，而这个时候，整个企业也就形成了一个统一的、合作的团队。

而在打造管理矩阵的过程中，华为一直都在想方设法完善管理体系。从1998年年初开始，华为有选择、有步骤地进行事业部制试点，并先后对公司组织结构进行重大改造，成立了多个事业部。可是随着华为的不断发展壮大，这种相对集权的组织结构暴露出了部门协调性差、效率低下、应对国际环境变化的能力差等弊端。所有人都意识到集权式的结构不再具备灵活性，而在一个“快鱼吃慢鱼”的时代，这无疑会带来灭顶之灾。

2005年，华为通过人力资源管理委员会、财经管理委员会和产品战略投资综合评审委员会对事业部进行控制，然后决定成立七大片区，这些片区又被拆分为20多个地区部。这样做的目的就是为了保证决策权往一线移动，从而提高决策的效率和市场应变能力。到了2010年，华为再次重新梳理业务部门，对设备、终端、软件服务等部门进行重新整理，华为公司开始从单纯的业务类型转向客户和市场。到了这一刻，华为的矩阵式管理才真正形成一个比较完善的体系。

如果对华为的矩阵式管理进行分析，就会发现它不同于其他的矩阵式管理，华为执行的矩阵式管理包含了管理体系以及产品体系，这两个体系都遵照矩阵式的方式进行，这样一来，华为内部就形成了无数个彼此交叉的矩阵，而所有部门也顺利连成网络，只要有一个地方出现了问题，其他部门就可以快速响应。

而且华为内部有大矩阵，也有小矩阵。大矩阵主要集中在中研部之上，中研部通过横向和纵向两条线管理内部，竖线方向主要负责市场机会点、产品的研发、主管产品、管进度、管市场、管业务；横线是技术管理工作，即核心技术的积累和研究，主管人、管物、管规划、管流程。竖线上的部门主要为市场的成功和生产的成功负责，横线上主要为研发部门负责，他们的主要工作是提高研发的整体运作效率，降低研发成本，减少研发失误，提高研发人员的整体素质。

通过加强横线与竖线之间的相互交流和工作往来，就能够共同完成华为产品的开发和推广工作。难能可贵的是，华为的矩阵式管理结构并非一成不变，在遇到外界环境变化时，这种管理模式会从平衡的状态达到不平衡的状态，最后再归为平衡。正如《华为基本法》中所说的那样：“公司组织的矩阵结构，应该是一个不断适应战略和环境变化，从原有的平衡到不平衡，再到新的平衡的动态演进过程。不打破原有的平衡，就不能抓住机会，快速发展；不建立新的平衡，就会给公司的组织运作造成长期的不确定性，削弱责任建立的基础。”总而言之，华为的矩阵式管理体系一直都处于动态平衡的状态下，而这也是华为自己的特色管理系统。

比如在GSM领域，华为曾经推出了3G的解决方案，这个方案全面支持3G以及专业集群功能，只要配合专业的集群手机，那么就可以实现高端用户的调度、会议广播、紧急呼叫等功能。为了确保这项业务尽快进入市场，华为利用了矩阵式结构的优势，快速将一部分市场营销和推广人员、技术创新人员组合在一起，成立了临时的事业部。当3G正式投入运营并获得收益之后，市场部和客服部开始统一负责一系列市场跟进工作，而此时事业部开始回归原样。

根据统计，华为的技术部门每三个月便会有一款新技术或是新产品推出，组织结构也随着新技术、新产品的到来而改变。总而言之，这种管理方式能够应对复杂的市场形势，能够使“华为组织结构扁平化，缩短决策链，能够迅速反应、应对、决策与调整”。华为在管理模式上也在随时代前进，使华为的组织架构不断变更，变得更加合理和完善，奠定了华为未来成功的基础。

华为独特的矩阵式管理模式主要包含三种关系：

一、华为高层的管理采用委员会制。董事会拥有一家企业的决策权，他们的每一个决定都关乎企业的发展和未来。委员会制度将华为的高层管理者聚集在一起，集体领导华为企业，共同商讨华为的每一步发展。不同的管理者可以互相监督，保障了决策的准确性。委员会也像一种分权机制，避免了权力的过于集中，有效减少了企业因为一权独大的问题出现。委员会由主管部门统一领导、统一命令、统一指挥，提高了企业整体的工作效率。

二、华为基层部门内的管理结构采用了竖线型管理方式，分级领导直接对基层员工负责，但当部门出现问题后，他们会团结在一起成为矩阵式管理中的一环。矩阵式管理与竖线式管理虽有不同，但矩阵式管理中经常会加入一些竖线式的管理。

例如，华为IT架构与规划部作为一个小组织，下设IT合作部、IT架构部、IT规划部、IT预算与控制部四个部门，每个部门采用的是竖线式管理的方式，而整个IT架构与规划部采用的是矩阵式管理。

三、高层与基层组织结构差异性明显。虽然高层管理者拥有相当大的权力，但是他们的管辖范围并不宽广，对于许多分部，他们没有话语权，如此一来既保障了高层的领导权，又给了基层充分的自由。基层员工覆盖面广，保证了同级消息的传递，提高了协同生产的能力，同时节省了一笔管理费用。

鉴于在提高效率、资源共享、人才培养等方面的优势，矩阵式管理对于华为员工来说不仅是一项执行标准，也是一项具体工作。项目负责人或是部门经理会给每个部门、每个员工制定一个目标，这种目标都有明确的数额，绝非说说而已。

很多人都很好奇为什么华为总是能够在市场上先人一步发现商机，而且受到大众的欢迎，主要原因就在于矩阵式管理可以让市场部迅速做出对企业发展最有利的决策，同时华为将生产研发部和市场部紧密联系在一起，这样就确保了华为公司的产品始终能够迎合市场需求。

3. 重建财务体系

企业的运作都是需要资金来推动的，因此财务问题一直是每个企业关注的重中之重，了解企业的财务状况可以帮助管理者准确判断和制定未来发展的方向，还能够帮助企业发现潜在问题，从而提早予以解决。

在华为公司发展的初期，公司里面根本就没有所谓的财务系统，一切都是按照小作坊里的那一套收支系统来支配资金，可是随着华为公司的不断扩大，员工人数也越来越多，任正非渐渐意识到建立一个科学合理的财务系统的重要性。这也是为什么在准备引入IBM公司的管理模式时，他特别强调了财务体系的建立。

那个时候，IBM的顾问团队来到华为，并且对华为进行了“全身大体检”，其中财务方面的问题有不少。为了帮助华为公司解决问题，IBM的顾问团队提出了具体的解决方案——建立标准统一的流程，建立与自动化流程相应的服务系统。同时他们还不忘提醒华为的财务人员，财务工作是一个由繁入简的过程，一定要从那些复杂庞大的数据中抽离，将真实无误的数字反映出来，给企业提供有效的数据。

虽然找到了问题，也找到了解决问题的方法，可是对任正非来说，财务毕竟关乎企业命脉，如果处理不当就可能造成极其严重的后果。而华为此前从来没有进行过类似的改革，所以不得不更加谨慎。

为了保证财务系统变革的顺利进行，任正非特意聘请了IBM优秀的财务经理和顾问作为华为的顾问，接下来还招聘了大量的财务人员，通过培训来打造一支优秀的财务团队。不仅如此，任正非还下达了死命令，要求华为的高层管理人员必须参与到财务改革中，了解财务改革的进程。

在那个技术和经济都比较匮乏的年代，由于没有专业的财务处理系统，我们可以想象华为在财务改革上所付出的艰辛努力。当时所有的费用报销都是纸质单据，因此会计的桌子上摆满了等待记录和报销的单据，由于内容繁杂，数据太多，这些单据的归纳、整理和上报往往存在很大问题，稍有不慎就会丢失单据，造成财务上的损失。

为了做好分类归纳，华为的会计人员想了一个办法，他们在办公室的地上摆了许多篮子，同一类的单据放在一个篮子里，这样就可以确保不会出现混乱。此外，为了确保自己的整理工作不会被他人打扰，他们还将财务办公室设立成门禁森严之地，无论是谁都不能轻易进入。

可即便是这样，大家的工作量也很大。当时华为正处在扩张期，每天都会产生大量的报销单据，而其中一些没有及时报销的单据更是增加了工作的难度，即便是加班加点地工作，效率也并不高。为了减少工作量，华为公司准备从报销制度开始进行改革，并开始实行“先付款后审单”的审核方式，这样就可以有效避免一些账目上的混乱。

接下来，改革措施继续扩大。从2005年开始，华为进行了一系列的财务变革项目：新四统一项目，搭建全球统一的会计政策、核算流程和

COA（会计科目表）体系；海外ERP实施项目，统一海外核算系统；共享海外的核算组织，七大共享中心相继成立……

这些财务项目在改革的过程中困难重重，华为的财务人员对此也感到很无奈。比如巴西ERP实施项目经过四次完善才得以实施，据说最初使用的时候，员工发现新的ERP系统只能进行独立安装使用，还要符合华为总体的IT系统架构管理和业务管控要求，一个项目要反反复复折腾好几回。2006年，华为的账务主导实施了当地核算软件MICROSIGA系统，可是这一次因为核算维度、核算颗粒度和业务流程不匹配，不能支持内外部的管理要求，所以华为最终被迫启动了第三次、第四次实施项目。直到2011年4月，在业务、IT、财经和账务人员的共同努力下，巴西ERP系统才最终成功上线。为之奋斗多年的华为员工热泪盈眶，一路走来，他们深知成功来之不易。

在华为加大力度进行财务改革的时候，任正非产生了一个大胆的想法，那就是建立财务共享中心，这样一来，这个中心就能够为华为自己和下属的子公司提供高品质、优成本、一致性的财务服务。在IBM顾问的帮助下，华为最终拥有了自己的财务共享中心，这个时候，华为的财务开始受到更为严格的监督与控制，并在成本控制方面获得了巨大的进步。

经过一系列的改革，华为在财务管理方面有了很大的进步，华为人不再需要像过去一样翻阅和整理大量报销单据，如今各地的账务与华为总部的账务已经汇总到了一起，工作人员只要用鼠标轻轻一点就能查看相关信息，而且每一项财务往来都十分清楚明了。这让华为在发展和扩张的同时免除了后顾之忧，华为人可以随时随地了解内部的财务状况，并且对一些具有风险的投资进行提前预警。

总体而言，财务体系的重建，使得华为的财务变得规范和标准。首先，华为的财务理论基础变得更加大众化，不再陌生和高深，即便不是财务人员也能看懂，减少了许多不必要的麻烦；其次，关于财务方面的语言更加平实易懂，用浅显的语言解释高深的财务知识，不让任何一个员工困惑；再次，财务制度、流程、名目、代码等方面都有统一规定，减少了关于财务方面的沟通成本；最后，财务分析、财务汇报等有标准的模式，让领导者对财务数据一目了然。

现如今，华为已经打造了全世界最出色的财务体系，其出色的数据处理能力令人惊叹，正像他们在宣传时所说的那样："目前，年平均约120万单的员工费用报销，员工在自助报销的同时，机器根据既定规则直接生成会计凭证；98个国家和746个账户实现互联互通，支付指令可以在2分钟内传递至全球任一开户银行；我们的付款准确率高于银行100倍以上；在AP领域的四个业务场景上，我们启用了计算机自行处理，试点半年来，通过手工作业进行并行校验，其结果证明准确率为100%。"

此外，华为新实施的RFID物联资产管理方案也收效甚大："目前已经覆盖52个国家、2382个场地、14万件固定资产。RFID标签贴在需要管理的固定资产上，每5分钟自动上报一次位置信息，每天更新一次固定资产的使用负荷（或者闲置）情况。部署RFID后，固定资产盘点从历时数月下降为只需数分钟，每年减少资产盘点、资产巡检的工作量9000人。"

在很多媒体眼中，华为这个曾经跟着IBM学习经验的小弟，如今已成长为市场上的"领头羊"，反倒是帮助华为建立管理模式的IBM公司日益衰败，不得不让人感到唏嘘。与此同时，华为创立的财务系统已经成为业内的标杆，世界上很多优秀企业纷纷参照华为公司的财务系统来打造自己的财务体系。

4.《华为基本法》

在20世纪90年代的发展大潮中，很多最先冒尖的中国企业开始思考一个问题：如何才能让一个企业保持基业长青？对于当时的中国企业来说，它们在技术上开始慢慢追赶上国际巨头企业，资金也开始变得更加充足，对于人才也越来越重视。可事实上，二者仍有很大的差距，中国企业想要像国际巨头企业那样存活得更久一些，想要变成百年企业，需要走的路还很长。

任正非早就开始研究这个问题，他想要让华为活得更久一些，就需要给华为注入一种特殊的力量，而这种力量究竟是什么呢？长时间以来，他始终不得其解。后来，任正非去国外考察时，才意识到华为和国际上那些巨头企业的差距，对于这些拥有伟大历史的公司来说，它们的成功并非仅仅依靠技术、资金和人才，而在于它们拥有丰厚的文化底蕴。

后来，任正非在内部发表了这样的讲话："我们要研究推动华为前进的主要动力是什么，怎么使这些动力能长期稳定运行，而又不断自我优化。大家越来越明白，促使核动力、油动力、煤动力、电动力、沼气动力……一同努力的源，是企业的核心价值观。”如果把这个核心价值观进行扩大，那么任正非想要表达的意思就是建立适合自身发展的企业文化，可以说企业文化才是一个企业生生不息的动力之源。

当时华为在扩张的道路上开始出现乏力的现象，任正非敏锐地意识到员工们的工作积极性不如从前了，更为严重的是，内部之间的沟通开始变得越来越不顺畅。任正非觉得内部的管理出现了问题，于是想要集中力量解决管理方面的漏洞，可是员工仍旧将精力放在如何生产和扩张上，这样一来双方之间就产生了分歧。

不久之后，任正非在华为开展了一场以“华为兴亡，我的责任”为主题的管理大讨论，他当时只有一个想法，就是处理关于高、中、基层与员工之间的交流问题。可是这一次的大讨论不仅没有解决管理层与员工之间的沟通交流问题，反而暴露出了更多的问题。经过分析，任正非找到了症结所在：高工资、高效率、高压力以及严明的纪律抹杀了员工的积极性；管理滞后，阻碍企业发展；文化建设不力，员工缺乏共鸣。

意识到问题的严重性，任正非开始寻求解决方法。正在这个时候，中国人民大学的几位教授到华为做培训，于是任正非就邀请对方帮助华为进行管理咨询。在开始进行咨询的时候，教授们建议华为在内部打造一套合理的营销体系，结果随着咨询内容的不断增加，话题也渐渐扩展到人力资源、生产管理等领域，最终聚焦到企业文化和管理大纲上。这个时候，任正非突然想到，既然这一次的管理咨询范围如此之大，何不干脆打造自己的企业文化呢?

这个想法在今天来说并没有什么，但是在当时却是一个非常大胆的想法，国内根本就没有多少企业真正展开过什么企业文化建设，华为也没有什么经验可借鉴。至于国外的企业文化，鉴于国内外环境的不同，二者之间没有太多的共通性。所以华为唯一能做的就是自己独立摸索出一套比较完整的文化体系。

大家都觉得任正非的主张不错，所以不断对相关的内容进行修改和调整，华为内部甚至专门成立项目组来负责整理这些管理大纲。当整理工作进行到差不多的时候，任正非建议将这部内容极为丰富的管理大纲命名为“华为基本法”。之所以确定为“基本法”，是因为任正非觉得华为的相关变革不应仅仅停留在管理层面，还要深入到企业的灵魂之中，而且通过文化建设完全可以确保管理的进程。

《华为基本法》从1995年开始谋划，至1996年在写作过程中被定为华为的“管理大纲”，直至1998年3月才审核通过。《华为基本法》诞生之后，在行业内颇受好评，在华为内部更是被视为华为的《圣经》。作为一部总结了任正非诸多观点且第一个阐述企业价值观的书籍，它总结了华为大量的管理经验，为华为的二次创业提供了经验和方向。

任正非曾经对此做出解释：“华为走过的10年是曲折崎岖的10年，教训多于经验，在失败中探寻到前进的微光，不屈不挠地、艰难困苦地走过了第一次创业的历史阶段。这些宝贵的失败教训与不可以完全放大的经验，都是第二次创业宝贵的精神食粮。当我们第二次创业，走向规模化经营的时候，面对的是国际强手，他们又有许多十分宝贵的经营思想与理论，可以供我们学习参考。如何将我们10年宝贵而痛苦的积累与探索，在吸收业界最佳的思想与方法后，再提升一步，成为指导我们前进的理论，以避免陷入经验主义，这是我们制定‘公司基本法’的基本立场。”

通过阅读《华为基本法》，华为人将会了解自己过去犯下的错误，并引以为戒，也可以吸取过去的成功经验并加以总结。《华为基本法》

在这里扮演可靠的向导角色，它让华为员工清楚地认识到什么样的行为是对企业有利的，什么样的后果是企业难以承担的，并引导他们对未来进行更深层次的探讨。

从内容和形式上来说，《华为基本法》开创了一种与众不同的创新形式。首先，它以法规的形式规范员工的行为，对自己的经营理念、经营方针、经营政策、经营战略进行总结和归纳，传播企业文化。这样的尝试在国内和国外都不多，日本东芝的《首脑方针》、韩国乐喜金星集团的《面向21世纪的经营构思》、微软的《未来之路》，虽然内容上不乏闪光点，但结构零散，没有将企业的过去、现在和未来联系在一起。而《华为基本法》系统地梳理了企业的发展过程，对过去进行总结，对现在加以要求，也对未来做出期盼，将华为的历史联结起来。

从内容上来说，在整个《华为基本法》中，包括价值观念、基本目标、公司的成长、价值的分配、经营的重心、研究与开发、市场营销、生产方式、基本原则、组织结构、高层管理组织、管理准则、义务和权利、控制方针、保证体系、预算控制、成本控制、业务流程、项目管理、审计制度、事业部控制、危机管理、修订法等，几乎涵盖了华为公司管理的各个方面。

所有的内容既可以归结到管理范畴，也可以当成是制度建设和文化建设的一部分内容，毕竟《华为基本法》的核心始终围绕着"加强企业的制度建设"。正因为如此，《华为基本法》本身具有几个显著的特点：一是建立在理性思考的基础上，排除了盲目的判断和选择；二是遵循现代企业发展的管理的一般规律，使用国际语言并与国际接轨；三是继承以往公司管理的优点和成功的做法，保持华为公司独特的企业文化精髓。

需要注意的是，《华为基本法》与传统的企业管理理念有所冲突，它所涵盖的层面已经远远超出了一个企业的管理层面，这是一种崭新的管理模式，蕴含着深刻的道理，不仅有中国传统企业的管理理念，也有先进的西式管理文化精髓。《华为基本法》不是简单地将道理罗列，而是运用多种学科共同研究出一部企业管理的巨著，将多种学科交会融合，形成一套全面的系统理论。

《华为基本法》中有许多超前意识，这些都是基于现实情况对未来做出的预判，虽然不能保证方向完全准确，但从某种程度上来说，《华为基本法》给华为提供了一种前瞻性的指导，让华为能够最大限度地抢占市场先机。

第八章

推动人才管理机制的改革

为了让管理工作变得更加顺利，为了让更多的人才获得更多的发展机会，任正非一改过去那种只要是高学历的人才，只要头顶海归派光环，就坚决提拔的思维，而是将实践考核与一线的锻炼当成一个最终的标准来实施。也正是因为如此，华为在逐渐建立起完善的管理制度的同时，也选拔出了一批又一批有能力、有担当的管理者。

1. 市场部大辞职

就在任正非想办法改革内部的管理和体制时，有关内部分配的矛盾再次凸现出来。其中标志性事件就是1996年的市场部大辞职，从华为副总裁孙亚芳为首的华为市场部高层开始，到各个区域办事处主任，所有办事处主任以上的干部，都主动提出辞职，然后重新竞争上岗。当时，大家都要向公司提交两份报告，一份是述职报告，一份是辞职报告。公司以工作业绩和述职报告中拟订的工作计划为准，对每一个人进行认真的考核，然后做出客观的评价与合理的安排，决定该批准辞职报告还是批准述职报告。

如果公司批准的是辞职报告，就意味着员工必须离开现有的工作岗位，然后再与其他人一起竞争这个岗位。如果公司批准的是述职报告，就证明了员工的能力得到了公司的认可和欣赏，他们可以在原岗位重新上岗，而一些考核成绩大大超过标准的员工，将会得到提拔和重用。经过考核的员工会重新与公司签订1~3年的劳动合同，公司还废除工号制度，所有华为人不论资排辈，重新上岗。

当时诱发市场部大辞职的事件是因为新老员工的分配问题，从华为的发展历史来说，初期进入华为打拼的人由于跟着任正非，所以获得的待遇自然更好一些，尤其是股权收益这一块，就比后期进入的员工更占优势。而这些老员工无论是在技术上还是在工作态度、工作产出上往往都不比新人更占优势。一些老员工甚至产生了惰性心理，工作积极性不高，工作的主观意愿不强烈，这些都造成了矛盾的激化。

当公司里的“富人”在享受高待遇的同时，并没有为公司创造更多的价值和利润，这对于公司来说非常不利，对于任正非来说，这同样是个大问题。当时他正在纠结公司内部管理的问题，于是就将队伍内的人才问题、分配问题考虑在内。

严格说起来，市场部大辞职，是一次人才队伍的大洗牌。在过去，任正非也非常重视人才，而且几乎在全国范围内的高校进行招生，可是随着时代的发展和变化，新人取代旧人是一种必然趋势，那些霸占着公司核心资源的老员工最终也要退下来，让更有能力的人去拥有。

在网络论坛上，很多人将市场部大辞职事件看成是“猴子爬树的故事”：华为就像一棵树，上面爬满了一大批早期上去的猴子。一旦果子成熟，树顶的猴子肯定最先吃到果子。对于下面刚刚往上爬的猴子来说，它们同样想要品尝果子的味道，可是已经待在树上的猴子不可能轻易退下来，它们会折断几根树枝，向下面抽打。当猴子们纷纷往后退时，混乱中总有猴子要掉下去。而这些不幸者获得的赔偿，就是从树上掉下的果子。

这与华为公司的处境有些类似，但也并不相同。毕竟在当时的情况下，公司内部还没有出现比较明显的老员工压榨、排斥新员工的现象。而且，华为所采取的是一种比较折中的方法，既没有偏袒老员工，也没有忽略新员工的利益，而是采取了一种比较公平的做法，让市场部的人辞职，然后公平竞争上岗。如果能力超过工作所需要求，就会获得提拔；如果工作能力表现配不上自己的业务标准，就会被降职；那些不满意公司安排的员工，可以随时走人，公司会给予补偿。

通过这一次的运动，华为留住了真正的人才，确保了市场部各岗位上能力与职位的匹配，真正做到了内部人才的合理配置。此外，市场部集体大辞职确保市场部每一个人都能够正确地看待自己，从而也有效地锻炼了一批人。

在这场市场部大辞职运动中，毛生江是华为内部一个非常典型的人物，作为市场部的代总裁，在市场部集体大辞职之前，他是市场部仅次于孙亚芳的二号人物，可以说是华为公司内部少数实权派人物之一。不过在1996年的市场集体大辞职中，毛生江一下子从代总裁的位置降职为终端事业部总经理。

作为市场部曾经的风云人物，毛生江的挫败感可想而知，他自己也曾回忆说："说不在乎是不真实的。我想，不会有人心甘情愿去为自己制造磨难……我在乎的是华为的兴旺和发展，在乎的是一代华为人付出的青春、热血和汗水，在乎的是我能够继续为华为做些什么，在乎的是战友们的期望和嘱托。面子、位置，这些虚的东西，我真的不在乎。"

后来毛生江被分配到山东办事处工作，那里的工作环境非常糟糕，问题一大堆，但他还是顶着巨大的压力，将办事处的工作做得有声有色。短短一年内，他就带领队员将山东办事处的市场销售额同比增长了

50%，将回款率提高了近90%。

这样的表现自然引起了公司的注意，2000年年初，毛生江重新回到公司总部，并且成为公司的执行副总裁。当时，任正非给予毛生江非常高的评价："毛生江从山东回来，不是给我们带来一只烧鸡，也不是给我们带来一只凤凰，因为虽说烧不死的鸟是凤凰，但凤凰也只是一个个体，凤凰是生物，生物是有时限的。我认为他给我们带来的是一种精神，这种精神是可以永存的。"

2000年1月，任正非在市场部集体辞职四周年纪念讲话中，对该事件给予了高度的评价："市场部集体大辞职，对构建公司今天和未来的影响是极其深刻和远大的。任何一个民族、任何一个组织只要没有新陈代谢，生命就会停止。如果我们顾全每位功臣的历史，那么就会葬送公司的前途。如果没有市场部集体大辞职对华为公司文化所带来的影响，任何先进的管理、先进的体系在华为都无法生根。"可以说市场部大辞职既是华为管理改革的必然要求，也是管理改革的一个基本前提，没有市场部的集体辞职，华为想要引入管理体系将会变得异常困难。

市场部大辞职还为华为找到了那些适合自己的人才。在1996年发生的大辞职事件中，有很多类似于毛生江这样的干部，他们在调离原有的岗位后并没有自暴自弃，而是选择提升自己，重新证明自己；也有一些能力出众的底层员工被公司顺利挖掘出来而得到提拔，这些人都出现在了最适合自己的岗位上，都在为华为的发展贡献自己的力量。与此同时，还有一部分人因为下调了职位而直接离开公司，他们也许有很强的能力，可是没有做好与职位相匹配的工作，因此对于他们的离开，华为也没有感到过度的失望。

事实上，在市场部集体大辞职之后，表面上看起来，华为公司走掉了不少有能力的员工，可是华为的工作并没有受到什么影响，很多原本被人看低和忽略的员工顶替了那些职位空缺，并且做得比原来的人更好，而且他们也更加易于管理。

2. 末位淘汰制

人才管理是整个管理体系中最复杂、最困难，但偏偏又是最重要的管理项目，从引入管理体系的第一天开始，任正非就在思考如何进行人才的管理。如果说市场部集体大辞职是华为公司掀起人才改革的一个序幕，那么接下来制定的末位淘汰制，就是华为人才改革的一个最重要方法。

末位淘汰制是华为公司中非常重要的一项管理制度，按照华为公司的规定，那些绩效排在最后5%的员工，会直接被公司淘汰掉。这个5%是一个相对稳定的硬性标准，这和一般的考核制度不一样，因为一般的考核制度通常都以工作的数量、质量来直接作为业绩考核，只要考核过关，就不会离开公司。这样的做法容易决定一家公司的下限，但决定不了一家公司的上限，因为大家很容易就会产生“过了及格线就好”的想法，凡事冲着完成考核目标去，根本不会有太多人想着做得更多更好，这对整体而言，是一个很大的伤害。

而末位淘汰制完全是一个相对性的考核指标，即便员工的工作考核合格，也为企业做出了一定的贡献，但这个考核标准仅仅是第一关，第二关是确保自己不会成为倒数5%的那一批人。

这个制度的推行有效保障了华为内部员工的战斗力和竞争性，毕竟没有人愿意被剔除出去，大家都希望能够留在公司里，因此不得不拼命想办法奋力向前。而这种危机感几乎蔓延在整个企业之中，从而推动整个企业都在往前发展。

末位竞争淘汰法其实类似于过去几十年普遍使用的“活力曲线”管理法。据统计，截至2013年，这个管理法已经被12%的美国公司采纳，“财富500强”公司中60%以上的公司在人员管理方面是基于“活力曲线”的原则。

这个方法来源于通用电气公司的杰克·韦尔奇，他在通用电气公司率先采用这一项淘汰制度。所谓活力曲线是应用强制分配法将员工分成A、B、C三类，A类代表着20%的优秀人才，这是企业中的精英分子；而B类代表70%的普通员工，这是公司中的主要力量；C类则代表10%的最差员工，这是公司里最容易拖后腿的一部分人，C类最终要被公司淘汰。活力曲线制度的推行，在于提前拔除那些容易拖后腿的不利因素，这样就可以保证整个公司保持旺盛的生命力。

华为公司之所以参考了这个管理方法，原因可以在任正非的一段谈话中体现出来：“如果我们不能形成一种有利于优秀人才成长的机制，高速前进的列车不能有上、有下，那么列车的运行就不能脱离开生命的束缚，我们必将走在盛极必衰的路上。”

很多人觉得任正非不过是杞人忧天罢了，可是管理和发展的失衡局面所造成的不良影响已经显现出来了。任正非认为一个企业发展过程中最大的阻碍就是危机意识薄弱，他曾经说过：“十多年来，我天天思考的都是失败，对成功视而不见，也没有什么荣誉感、自豪感，而是危机感。”他希望员工能够像自己一样去应对困难，能够保持高度警惕性和危机意识。2001年3月的时候，任正非还特意发表了《华为的冬天》这篇文章，任正非当时提出了一个非常严肃而现实的问题：“公司所有员工是否考虑过，如果有一天，公司销售额下滑、利润下滑甚至破产，我们怎么办？我们公司的太平时间太长了，在和平时期升的官太多了，这也许就是我们的灾难。”

事情并没有被夸大，华为在经过不断发展之后，成为一个依靠技术和服务生存的企业，客户对企业的要求越来越严格，这对公司来说是一个巨大而持久的考验。此外，当华为进军国际市场之后，面临的压力与挑战也越来越大，那时候华为内部一批人开始出现懒惰和消极的情绪，尤其是一些老员工甚至将工作当成了“铁饭碗”，这样就造成了工作态度不够积极，而这样的状态是难以与国际同行竞争的，尤其是考虑到其他企业的工作效率比华为还高出不少。在内外都承受巨大压力的情况下，任正非不得不提升考核的力度，改变人才的任用机制。

之后，他郑重地提出了考核的方向，他认为华为必须继续坚持以有效增长、利润、现金流、提高人均效益为起点的考核，凡是不能达到公司人均效益提升平均线以上的团队、片区、产品线、部门、地区部、代表处等各级一把手，公司都要对他们进行问责。而超越平均线以上的部门，公司则会对正利润、正现金流、战略目标的实现进行排序，以此对高级管理干部进行末位淘汰。任正非的这种表态在某种程度上凸显了华为的末位淘汰制在人才任用方面的功效。

一般情况下，5%的末位竞争淘汰标准是不会发生变动的，可是在特殊时期，华为公司也曾做出过更为大胆的调整。1999年，中国移动刚刚从中国电信中拆分出来，这种拆分对华为的影响非常大。当时中国电信是华为公司的重要客户，如果它进行分家，那么就意味着华为的一半生意也会被分离出去，这直接导致了华为公司的订单大幅度减少，很多华为员工的业绩都没有达标。

这是时代背景和社会发展趋势造成的，可是任正非却并没有这么想，毕竟挽留顾客本身就是供应商要做的事情，所以他当时果断下达了命令，将那些没能达标的员工淘汰出去，结果这一次的淘汰率达到了惊人的10%。不过对任正非来说，这也是一个合理的范畴，毕竟很多国际大企业都是坚持10%左右的淘汰率。

除了末位淘汰制之外，华为还推出了集体考核制度。集体考核是一项与个人考核挂钩又分离的标准。华为总部会对全国各地的办事处进行考核评定，其中评分最差的办事处会受到惩罚，办事处会问责到个人，个人的考核评级会受到牵连。但是办事处的考评结果不会影响到问责人之外的个人考核评定，表现好的员工还是可以获得高分的考评结果。

当末位竞争淘汰制和集体考核制度结合起来之后，华为内部的竞争力会变得更强、更有序，员工获得的机会也会增加。虽然这些制度非常实用，但是也有一些劣势，比如会强化工作强度，加大员工的工作压力。随着华为的不断壮大，任正非也在一点点改变和调整这些制度，但对任正非而言，华为即便成为世界上最优秀的企业之一，也必须时刻保持这样的危机意识和竞争意识，只有让自己的人才队伍保持强大的竞争力，华为才不会被淘汰出局。

3.用轮换制度来激活人才

在高速扩张的时候，华为出现了很多管理滞后的问题，其中一个原因就在于公司内部很多干部的权力本位意识，他们拥有自己的势力范围和利益圈，几乎垄断各自的部门，无论是人才任免还是资源分配，都是他们说了算，这样就导致了一些有能力的人受到压制而无法发挥出自身的能力，并导致了任人唯亲、机构臃肿、相互排挤等不良现象的出现。另外一个缺陷就是，当这些管理者长期待在某一个职位上时，他们的能力和视野都局限在这个职位上，因此他们根本没有能力去应付一些职位之外的事务。

在推行管理体制的改革之后，任正非就意识到了这个问题必须重点予以解决，否则华为的人才优势将会不断被削弱，整个华为内部也会变得越来越封闭、越来越迟钝。这个时候，任正非开始思考一种能够激活人才的方式，一种能够打破封闭体制的制度。

在一次内部谈话中，任正非提出了自己最初的设想："为了使华为公司在管理中不会产生一个沉淀层，华为公司要加强内部劳动力市场的循环和流动，在考核评价中确定对人的价值评价……华为公司一定要有一种制度化的程序来保证这个企业不会产生一个沉淀层，不能让水流缓了以后岸边都是淤泥。这不是靠领导人，靠一个人领导一个人，然后一个人盯一个人能够解决的。如果我们不加强干部的考核、评价和循环流动的体系，公司总有一天谁都愿意留在有空调的房间里，享受舒舒服服的日子，谁都不愿意去艰苦奋斗，那么我们这个公司就死定了。我们至少在20年内保持一定比例的速度发展，不能降低这个速度，一旦降低速度发展，我们内部就没有机会了。那你只能在那儿等着，等了20年也没有机会。”

在这里，任正非简单地提到了一个重要的词“循环流动的体系”。所谓循环流动实际上指的就是一种更加灵活、开放且有弹性的人才、干部任用制度，他要求所有的干部不能被僵化在某个特定的岗位上，要求人才不能被束缚在某一个狭小的发展空间里，而应该接触更多的东西。此后，任正非做出了进一步的指示：“我们一定要站在全局的高度来看待整体管理构架的进步，系统地、建设性地、简单地建筑一个有机连接的管理体系，要端到端地打通流程，避免孤立改革带来的壁垒。”在这个壁垒中，干部和人才应该怎么去做呢？干部又需要做出何种调整和改变呢？

按照任正非的说法：“各级干部要互相知晓，有序开展财经和业务干部的互换及通融，财务干部要懂业务，业务干部也要懂财务，混凝土结构的作战组织，才能高效、及时、稳健地抓住机会点，在积极进攻中实现稳健经营的目标，使公司推行的LTC、IFS能真正发挥作用。通过闭环管理来完善干部的考核与选拔。”

这一段话非常明显地指出了华为的改革方向，那就是努力让干部学习和接触更多的知识，让他们在不同岗位上收获更多的技能，然后努力将这些技能联系在一起，而实现这一切的最佳方式就是岗位轮换制度。IBM公司内部就有一种非常常见的岗位轮换制度，这是一种名为“2-2-3”的制度。所谓“2-2-3”指的是一名员工如果在一个职位上工作2年，而且上一年的绩效考核是2（即良好）以上，那么在他用3个月时间处理完在原职位所遗留的事务之后，就可以申请调换岗位。

“2-2-3”制度是IBM这些年一直保持人才优势的一个重要原因，由于人才的表现出众，他们可以在各个岗位上轮转，而这种轮转不仅见识到了更多的专业知识，同时也在轮转的过程中将自己的知识和经验进行了传播，所以在轮转过程中，不同岗位的人才往往可以分享不同的知识。

华为并没有照搬IBM的制度，而是依据自身的特色和环境，建立了一整套的轮换制度。首先，任正非从高层开始落实这套制度，并率先推行主席轮值制度。公司要求八位高层领导轮流执政，每人轮值半年。这套制度的本意是为了防止有人独裁，同时确保高层的稳定、团结和工作效率。任正非将这些制度扩展到整个管理层，并于2000年6月的一次内部座谈会上提到了两套具体的方案：“干部轮换有两种，一是业务轮换，如研发人员去搞中试、生产、服务，使他真正理解什么叫作商品，那么他才能成为高层资深技术人员，如果没有相关经验，他就不能叫资深；二是岗位轮换，让高级干部的职务发生变动，不仅有利于公司管理技巧的传播，形成均衡发展，还有利于优秀干部快速成长。”

通过实施轮换制度尤其是岗位轮换制度之后，华为中高层干部的综合能力得到了很大的提升，内部的经验交流越来越多，这让内部的人才流动变得更为合理。比如前面提到的毛生江，自从1992年进入华为之后，他曾在13年的时间里变动了8次职位，有些是任职需要，但也有很多是岗位轮换造成的，所以他不仅职位变动了8次，个人的工作岗位竟然也横跨了8个部门。有人曾做过统计，发现毛生江担任过华为研发部经理、生产部总经理、终端事业部总经理、华为电气副总裁、华为山东分公司总经理、华为市场部副总裁、华为国际营销部副总裁、华为高级副总裁等一系列职务。

这种频繁的变动并没有让毛生江的工作效率受到影响，也没有让华为遭受什么损失，而且锻炼了人才。事实上，自从运用这套轮换制度之后，华为内部的人才流动变得越来越活跃，它给企业的管理注入了新的活力，也保障了公司干部队伍的竞争力，而优秀的人才也因此获得了更好的发展环境和发展平台。

4. 为人才打造更好的成长环境

比尔·盖茨说："如果把我们公司20个顶尖人才挖走，那么我告诉你，微软会变成一个无足轻重的公司。"柳传志说："企业的一把手跟下级员工之间的关系，就是大发动机跟小发动机的关系，你所带动的不是齿轮，不是螺丝钉。员工也可以成为一个发动机，而且能跟你同步。如果能够做到这样，这个企业活力就非常大。"由此可见，留住人才一直是各个企业的重点工作。

华为也是一样。自从创业那一天开始，任正非就在千方百计挽留人才，为了让更多有能力的人能够留在公司一同成长，他用更高的工资和福利来吸引员工，还主动为员工发放股份。不仅如此，公司还为员工打造出了一套最为完整的人才培训体系，内容涵盖华为的所有岗位，有新员工培训系统、技术培训系统、营销培训系统、管理培训系统等多个方面。每一个在华为上班的人，都能在培训系统中找到相对应的学习内容。这些培训系统可以帮助员工了解不同岗位的基本诉求。

而随着华为在国际市场上不断发展和扩展，华为也积累了更多的资本，这个时候，公司更是积极营造良好的工作环境来帮助员工成长。在2016年伦敦政治经济学院的中国峰会上，华为副总裁陈黎芳向大家揭开了华为为人才创造最优环境的奥秘和他们将要执行的人才管理方案。

经过近几年的发展，大家开始意识到任正非最初提出的那些分配机制已经不能满足企业发展的战略需求，因此陈黎芳在原有的分配机制上又提出了三点：一是打开人才金字塔，创造良好的工作环境，让人才走出来见证世界的新技术，参与其中，进行能量交换；二是提供好的创造环境，无论是成功还是失败的产品，都不要怕拿出来；三是不要对员工之前的工作过多打听，制造良好的同事交流环境，只要对企业有贡献就必定给予相应的回报。

这三点建议可以归结为“炸开人才金字塔，与世界交换能量”。金字塔一直被认为是最稳定的结构，是有秩序、有层级、效率高、分工明确的代名词，这种稳定结构常常令外界力量不能进入其中，但是在开放性的数字时代，如果还待在“闭门造车”这种不良环境中，那么这个金字塔就会彻底被时代隔绝掉。华为一定要做开放的金字塔，一定要为员工寻找更多与外界交流的通道。

为了实现这一要求，华为在向外扩张的过程中，开始积极地在世界各处建立研发中心，比如旧金山的UI设计中心、伦敦西区附近的设计中心、巴黎的美学研究中心、莫斯科的算法中心、日本的通信研发中心、印度的软件中心和在欧洲设立的5G研发中心。除此之外，华为还特意成立了著名的“2012实验室”，建立初期就拥有几百位科学家，到了2016年年底，研发队伍突破了1400人。华为还与全球120多个著名高校和研究机构、100多位院士合作，共同完成了多项技术的开发工作。

通过建立研发中心与合资机构，华为将内部的人才与世界的技术资源和人才资源联系在一起，双方的交流通道就此被打开。而接下来华为还明确规定了每一年的资金研发投入比例，华为每年会将收益的10%~15%投入到研发中。这部分资金中的70%用于开发，另外的30%用于研究。开发工作具有确定性，在提升产品性能方面也具有特定目标；而研究工作充满了不确定性，谁也不能保证能不能发现新技术和新产品。可是鉴于研究工作的重要意义，华为给研究工作限定了0.5的收敛值，即允许研究工作有50%的失败，但这种失败不叫作失败，而叫探索。

除了在研发中给予员工更多的宽容之外，任正非在日常的工作和决策中也为员工创造了便利和宽松的环境。如果说早期华为有李一男、郑宝用这样出色的人物，那么后期任正非比较关注的人就是余承东。在任用这些人的时候，任正非表现得非常宽容，愿意给他们施展能力的机会。

任正非认为：如果相信某一个人的能力，就要给予对方发挥的空间。

余承东是一个很有想法也很有能力的人，但是在华为公司内部一直不怎么讨人喜欢，尤其是华为很多高层干部，对他的印象并不好，在他们看来，余承东是一个喜欢说大话的自大狂。余承东自从在2010年出任华为消费者BG CEO后，行事一直非常高调，而且经常会在媒体面前说一些大话。而华为多年来一直都保持低调，余承东的做法显然与此背道而驰。

余承东是个明白人，他能够意识到自己的错误："我就是想把工作做好，但我肯定是一个有缺点的人，不擅长和人打交道，性格东冲西撞，说话容易得罪人，而且有什么问题直接说，虽说对事不对人，但事情和问题总是与人有关的，一不小心可能就树敌了。"

任正非从来没有要求过余承东必须禁言，对于其他高层的抱怨也是边听边劝，同时建议大家多宽容一下余承东，在他看来，“允许异见，就是战略储备”。他一直都认为余承东是一个非常有能力的人，而这样的人行事方面只要不违背法律，偶尔说些大话也无可厚非。况且余承东的话虽然听起来不怎么让人满意，可是他每次都能够将那些大话兑现，而且能够提出一些非常好的设想和建议，这也证明了他的能力。

在任正非看来，中国企业乃至整个中国都太缺乏那种包容的环境，很多人原本非常有能力，就是因为缺乏一个宽容的环境：身边总是有人给他们施加压力，总是以世俗的眼光和标准来评价他们，结果导致人才被大量埋没。

2015年，中国著名医药学家屠呦呦因为青蒿素和双氢青蒿素的发现与应用而获得了诺贝尔医学奖，这原本是一件令人感到振奋的事情，可是网络上偏偏出现了一些不和谐的声音。有人认为屠呦呦所发现的东西早就被古代的中医发现了，她不过是拾人牙慧而已，根本没有资格获得诺贝尔奖。

向来不怎么关心这类社会话题的任正非，突然加入到声援屠呦呦的阵营当中来，他说：“屠呦呦这次获得诺贝尔奖开创了中国原创研究新时代，屠呦呦获奖还饱受争议，还有人不服，认为屠呦呦的研究太简单，就是将农村清明节挂在门上的青蒿秆泡在酒里做研究。其实屠呦呦的研究不简单，她从常识之中发现了真理，从简单之中挽救了成千上万人的生命，创造了不简单的巨大社会价值，一辈子只干一件简单的事，成就了不简单的人生价值，这是值得弘扬的精神。”

在任正非看来，屠呦呦正是因为做了别人都认为不值得去做，或者没有什么理由去做的事情，才获得了最终的成功，这是一种非常难得的创新精神，可恰恰是这样的创新却失去更多的支持。他认为失去宽容的环境，创新也会成为一种奢望。

据统计显示，华为市场部门的领导者有许多都是30岁出头的年轻人，这一比例高达41.4%，他们管理的业务从10亿到100亿。而在研发团队中，80后的比例也达到了70%。有很多人曾经质疑华为公司的安排，可是在任正非看来，只要这些人真的能够创造出价值，真的有担当，那么就可以成为团队内部的领导者。

目前，华为已经有17万名员工，但是面对即将到来的严酷考验——智能社会来说，17万名员工是不够的，17万个人才才是他们的目标。任正非对未来有很远大的设想，同时也在问自己："未来二三十年人类社会会演变成为智能社会，其广度、深度我们现在还难以想象。那么，对于这样一个具有不确定性的未来，华为如何应对？"在几次讨论之后，华为内部形成了一种共识——"越是面对前途的不确定性，越需要探索和创造。谁发挥创造力？主要还是依靠人才。"

任正非很早就提出了"知本主义"的概念，并且意识到了它的重要性，而知本主义的核心就是人才问题，如何招聘人才、如何留住人才是企业关注的重点，如何帮助人才成长更是重点中的重点。而帮助人才成长首先一定要给他们创造一个更好的成长环境。正因为如此，任正非一直都在坚持自己的主张，希望所有的员工可以在公司里成长为人才。

5. 干部需要从一线选拔

华为公司一直以来都非常重视人才，过去任正非任用人才非常大胆，只要对方有真才实学就会任命对方担任要职，早期有很多干部都是任正非亲自任用和安排的。这些人才基本上都有一个优势——高学历，这些人基本上都是直接从学校跳到职位上去的。

这种简单而直接的人才任用方法在华为创立初期非常常见，任正非并不介意让这些大学生、硕士生背负着企业的管理责任，而此举也的确让华为获得了发展。很多人佩服任正非的胆识，但其实这里面也透露着很多无奈，因为那个时候的华为人才匮乏，员工根本不擅长技术研发，华为迫切需要相关的人才来带领队伍走出困境，而高学历的人自然成为首选。

随着华为的不断发展，人才提拔问题不断显现出来，一些高学历的人才在任用之后并没有直接表现出与学历相符的能力，这些缺乏实践经验的人，他们的能力仍旧停留在学术水平和理论层面上，并没有在实际工作中真正得到验证，凡事只会纸上谈兵，而缺乏真正解决问题的能力。此外，没有在实践活动中历练过的人，对一线的工作根本就不了解，这样会导致他们的管理工作变得更加无序。从1996年市场部大辞职开始，任正非就意识到自己招聘人才的方式存在重大缺陷，于是就要求华为公司在打造管理体系的同时，慢慢建立起比较完善的任职资格管理体系，并且提出了一个基本要求，即所有的人才在被提拔为干部时，必须满足一个基本条件，那就是在一线接受过锻炼。

1998年，任正非在《华为的红旗到底能打多久》一文中，提到了“没有基层工作经验的人不能担任科级以上干部”的观点。之后在多个场合，他都强调了内部人才获得提拔的标准之一就是进入基层和一线去锻炼。

2006年，任正非发表了一次重要讲话：“现在我们需要大量的干部，干部从哪里来？必须坚持从实践中来。如果我们不坚持干部从实践中来，我们就一定会走向歧途。是不是外来的‘空降部队’就一定不好呢？很多公司的历史经验证明，‘空降部队’也是好的，但是其数量绝对不能太大。问题在于我们能不能把这支‘空降部队’消化掉。如果不能消化掉，我认为我们公司就没有希望。那么，我们现在有没有消化‘空降部队’的能力呢？没有。因为我们每级干部的管理技能和水平实际上都是很差的……比如说，从哈佛大学来的几个博士，他们做的那套东西我们适应不了，结果，我们没有受到教育，他们也没有发挥作用。如果我们把他们安排到管理岗位上，他们那个指挥系统可能就会被搞得一塌糊涂。但是，如果我们不用他们呢，像我们这样的‘农民’，何时才能革命成功呀。所以公司就确定了一条方针：从我们自己队伍里培养我们的骨干。就是依据公司一系列干部制度和政策，靠自己的努力来培养自己的跨世纪的干部。”

按照任正非的说法，在华为，没有基层实践经验的机关人员，无论学历多高，都只能叫“职员”，这些人还没有经受过一线的锻炼，还不能够将自己的学历和知识变成价值。只有那些在一线接受过锻炼，对一线工作非常了解的人才称得上是人才，才能够为华为的发展真正提供帮助，他们也才能适应管理上的工作。他甚至下达死命令：“没有成功实践经验的干部直接冻结晋级、晋职、晋薪和配股，且不能平级调动。”

管理学大师吉姆・柯林斯曾经花费5年时间从1435家公司中挑选出了最优秀的11家公司进行研究，结果发现这11家公司中有10家公司的CEO都是从内部提拔上来的，而这些CEO还有一个共同点，都是从内部最底层慢慢爬上来的。所以吉姆・柯林斯坚持认为内部提拔是企业人才选拔的一个重要方式，因为这类人曾经在公司一线待过，具有充分的实践经验，他们比谁都更加了解公司的运营情况和生产情况。

任正非也许没有看过管理学大师的书籍，也未必了解对方的观点，不过在华为着手解决管理滞后的问题时，任正非已经意识到了任职资格和人才选拔的漏洞，所以在引入管理体系的时候，他特意让公司设计了一套非常奇特的五级双通道晋升模式。在这套模式中，公司提前为每一个员工准备两条不同的职业发展通道，第一条是专业通道，第二条是管理通道，员工可以按照自己的需求和自身特长做出最合适的选择。

在这个晋升通道模式中，华为公司并不是简单地按照过去的提拔模式，将所谓的高学历人才直接往上提拔，而是对每一个人都设置了层层过滤网，任何人想要往上爬升，想要成为干部，那么就需要保证连续三年的绩效都达到至少12分，这样他们才有资格申请进入更高一级。不仅如此，对于每一个人来说，想要每一年都达到12分，常常需要进入一线进行锻炼，因为只有这样，他们才有机会获得足够多的分数。所以，这个晋升通道实际上就是为了让想当干部的人进入一线去奋斗。

为了让管理工作变得更加顺利，为了让更多的人才获得更多的发展机会，任正非一改过去那种只要是高学历的人才，只要头顶海归派光环，就坚决提拔的思维，而是将实践考核与一线的锻炼当成一个最终的标准来实施。也正是因为如此，华为在逐渐建立起完善的管理制度的同时，也选拔出了一批又一批有能力、有担当的管理者。

第九章

市场与客户的新规划

信息的快速发展为通信企业提供了各种商机，对于华为来说，会有很多种不同的选择，这些不同的选择同样也会形成各种各样的诱惑，而此时坚持管道战略，不仅仅是新时期对华为的一种新定位，更是对华为未来发展趋势的一个定义，而恰恰是这种坚持才使得华为能够在风雨中不断成长，并且变得越来越强大。

1. 以技术为导向到以客户为导向

2002年，任正非在公司研委会的会议上对华为员工说：“如果死抱着一定要做世界上最先进的产品的理想，我们就饿死了，成为凡·高的‘向日葵’，我们的结构调整要完全以商业为导向，而不能以技术为导向，在评价体系中同样一定要以商业为导向。”这里提到的“以商业为导向”不是指用产品谋取高价高利，而是满足客户的需求。

此前任正非一直都在强调技术的重要性，华为也在一直加大对技术的投入，争取打造成一家技术型企业。而这一次的谈话明显释放出了不同的信号，任正非开始要求华为转变“以技术为导向”的发展思路。当很多人还在疑惑任正非的话是不是正确的时候，他已经敏锐地感觉到了世界的变化，这种变化来自华为一直都在学习和效仿的偶像IBM公司。

IBM公司是一家老牌企业，作为全球最大的信息技术和业务解决方案公司，IBM在20世纪很长一段时间内都风光无限，在技术领域一直都保持世界领先的地位。可是进入新世纪之后，IBM的发展开始受到制约，相关业务开始萎缩，衰败的速度超过了大家的想象。而这种衰败并非是因为IBM缺乏创新与活力，也不是因为它跟不上时代的进步，而恰恰在于它过度重视技术，而忽视了技术研发的市场价值。换句话说，IBM不过是为了研发而研发，而没有将研发与客户需求紧密结合起来，结果导致这些技术都成为摆设，大量的资金投入由于没有市场回报，最终成为IBM的重大累赘。

不仅仅是IBM公司，很多曾经引以为傲的技术型公司都出现了这样的情况，像朗讯公司，曾经依靠着贝尔实验室出色的技术研发能力而成为通信领域内的领先者，可是进入新千年之后，它也开始没落，原因就在于它的技术与市场发生了脱节。

进入21世纪后，信息技术已经获得了很大的发展，而通信产业的市场需求也被进一步挖掘出来，这对任何企业来说既是机遇也是挑战。此时并不是看谁的技术更加先进，而是看谁的技术更受市场的欢迎。这些曾经依靠技术驰骋市场的大公司突然栽在自己引以为豪的技术优势上，这让任正非不由得警觉起来，他认为技术是企业获得竞争优势的关键，也是推动企业向前发展的重要力量，但是对于一个企业来说，它首先是一个商业机构，然后才应该是一个生产研发机构，企业的最终目的是赢利，是为了服务于客户，这才是体现企业价值的标准。一旦脱离了客户，那么企业的任何生产和研发活动都是无意义的。他提倡华为人不要只想着做研发新技术的工程师，而要想着如何去做“商业工程师”。

在这种形势下，任正非果断改变了思维，开始将“以技术为导向”的策略变成“以客户为导向”的战略规划，“客户”成为华为发展的中心坐标，华为的一切都在围绕客户运作。在过去，任正非一直都非常看重客户关系，不仅亲自约见客户，而且提出了“客户无大小”的观点，只要是客户，哪怕是很小的客户，他也会抽出时间亲自接见。这一时期，无论是任正非还是华为，他们更多的是在服务态度上给予客户更满意的体验。而进入新世纪之后，随着新一轮技术变革的到来，任正非加强了客户服务的思维，将其从单纯的服务态度提高到了技术层面上：不仅生产更加出色的产品，还要生产更适合用户使用的产品。

想要实现这一切，需要整个团队进行合作，毕竟面对客户并不是市场部或者研发部一个部门的事情，而是整个企业需要解决的问题，这就要求企业内部所有机构统一起来，把握住合作的契机，确保所有的部门都可以共同为客户服务。

2006年8月，苏丹的太阳格外炙热烤人，首都喀土穆的气温更是上升到将近50摄氏度，在一波接着一波的热浪侵袭中，让人感到缺氧眩晕。而此时华为十几个工作人员沮丧地坐在房间里开会，当时他们在苏丹建设移动通信网络的竞标中输给了另一个对手。经过分析，工作人员意识到自己失败的根本原因在于华为海外部的组织与客户的组织不匹配，公司海外员工还在按照传统模式运作，客户线不懂交付，交付线不懂客户，产品线只关注报价，而且三条线的管理者只关注自己分内的工作，最终导致客户失去信心。

大家经过分析和思考之后，准备进行改革。2006年年底，代表处任命三人组成客户系统部的核心管理团队。一人统一负责客户关系，一人负责交付，另外一人负责产品与解决方案工作，面对客户的时候，三方顺利实现接口归一化，努力做厚客户界面，形成了客户经理、解决方案专家、交付专家这样一种“铁三角”的工作小组。这种组织模式，有效地提升了客户的信任，较深地理解了客户需求。

后来任正非去利比亚访问，在听取了北非地区部的汇报后，他认为这种“铁三角”的工作模式非常有效，可以确保华为及时了解客户的需求，并为客户提供服务，于是进行改良和推广，华为最终实现了从“以技术为中心”向“以客户为中心”的转变。

“铁三角”的工作模式后来不断得到优化，华为开始将整个运作体系打造成一个客户服务体系。简单来说，客户服务不再仅仅是客服部门的工作，整个公司都在围绕客户来转。比如华为成立了一个内部分享机制，各个部门之间可以顺利实现资源共享、信息共享、人员共享，这样一来，在客户服务方面就具备了很大的优势。比如某个部门或者某个员工准备接待客户，那他就可以通过公司内部的电子流提出相关的申请或者要求，其他部门或者其他员工在收到申请后，会帮忙准备招待室，会提供相关的资料，会提供各种建议，或者提供各种接待便利。

在电子流信息通道的帮助下，华为的各个部门都参与到客户接待和服务工作当中来，这样就提升了华为的工作质量，提升了客户的满意度。在处理客户关系时，华为提出了“一五一工程”，即一支队伍、五个手段、一个资料库，其中五个手段，指的是“参观公司、参观样板店、现场会、技术交流、管理和经营研究”。在实施“一五一工程”中，华为公司强调，只要是和客户有关的工作，那么任何一个部门都必须及时参与进来。

从本质上来说，以客户为中心的价值观一方面为客户提供最适合的产品；另一方面就是保持好的服务态度和服务效果，毕竟打造整体的服务体系比单纯地安排一个客服部门更加高效。随着华为对于客户的重视程度越来越高，以客户为中心这一价值观的确立成为一种必然，对于华为日后的扩张与发展有着重要的作用。

其实，之前的管理体制改革已经让华为人意识到管理和技术是同样重要的，而随着管理制度的完善以及对管理理解的深入，技术要求与客户需求之间的这种转变和联系变得越来越清晰，当实现“以技术为中心”向“以客户为中心”的转变后，华为的发展有了一个最重要的标准来参照。

2. 决策权向一线转移

在过去，华为的运作模式比较复杂，通常是公司研发和生产产品，等到投入市场后收集客户的反馈，然后层层向上级反映，等待高层的决策；接着高层的决策层层向下传递，到达市场部。在整个运作流程中，最复杂的就是中间传递信息的过程，由于公司内部机构众多，常常影响信息流动的效率，最终导致公司应对市场变化的能力不强，反应滞后，从而错失发展的机会。

任正非意识到了这个弊端，他知道华为的技术、人才、现金流以及发展经验都不缺，唯独欠缺更加迅捷的市场反应能力。公司的各个机关占据了大量的权力和资源，却不知道前线发生了什么，不了解市场上发生了什么。而一线员工虽然了解市场变动，却受困于体制，导致信息传递不及时。有人做过统计，发现一线工作人员为了解决特定的问题或者对市场的变化做出反应，往往要花掉三分之二以上的时间向上面争取资源，可是在信息汇报和等待接受命令的过程中，由于时间的浪费，市场已经发生了变化，即便真的有什么机会，往往也被人抢占了先机。

2005年，华为收购英国电信制造商马可尼失利，最终败给了爱立信中国公司。而此前华为在收购案中的呼声最高，大家都以为华为能够最终成为马可尼的大股东，可是当对方提出各种收购条件后，华为的应变能力显得有些迟钝。当时很多内部人士就批评华为虽然在市场上具有最让人害怕的攻势，可是在窥探市场方面，反应却过于迟钝。

而在开拓北非市场的时候，市场反应不够敏捷的缺陷更是暴露出来，每次客户有了什么新的要求，市场上的消费习惯出现了什么变动，华为都无法第一时间做出调整，这让华为丢掉了很多商业机会。以前，华为可以依靠价格优势和服务优势同对手竞争，可是并不是所有的机会都可以依靠这两个方法来抓住，很多商机的挖掘需要依靠出色的嗅觉和市场反应能力，否则华为将会被其他竞争对手挡在市场之外。那么华为该如何来解决这样的问题呢？大家苦苦思索也想不到好方法。

2009年第三季度末，华为的业绩非常出色，在当时，只有爱立信的营业收入比它多一些，像诺基亚、西门子和阿尔卡特、朗讯都被华为一举超越。正当华为人沉浸在成功的喜悦当中时，任正非却在为华为的发展担忧，在他看来，华为仍旧存在机构臃肿、官僚化作风严重的问题，而这些问题会导致市场应变能力的下降，会让华为成为一个反应迟钝、移动速度缓慢的大企业，而这样一家企业是很容易被自己的慢节奏拖垮的。任正非希望能够尽快解决这个难题，确保华为在今后的市场竞争中把握先机。

非常巧合的是，早在第二次世界大战期间，德国军队就遭遇到了同样的麻烦。当时为了快速占领北非战场，德军不断加快推进的速度，可军队内部的信息沟通却出现了问题，比如指挥部想要下达命令或者先头部队想要及时反映战场情况并获得新的指令，就会造成信息沟通的延长，可以说先头部队走得越快，走得越远，他们与指挥系统的联系就会变得越困难。

面对这种情况，德军想了一个非常好的办法，就是将指挥权分给前线。他们设计了一种“任务型”的管理模式，一线的部队只要把握住上级的核心理念和想法即可，在面对具体的战场情况时，完全可以按照自己的理解做出判断，而没有必要汇报并等着上级下达指令。正是因为如此，德军能够在发动闪电战的同时，确保及时地对战场变化做出反应。

“将指挥系统搬上一线”成为华为解决问题的一个突破口，公司开始提倡“谁离客户最近，谁就是领导阶级”，把指挥决策中心往一线迁移，对一线充分授权，从而避免高层不授权、中层不决策的情况出现。2009年，任正非发表了《让听得见炮声的人来决策》的讲话，并重点提到：“应该让听得见炮声的人来决策。后方配备的先进设备、优质资源，应该在前线一发现目标和机会时就能及时发挥作用，提供有效的支持，而不是由拥有资源的人来指挥战争、拥兵自重。谁来呼唤炮火，应该让听得见炮声的人来决策。”

“让听得见炮声的人来决策”是公司采取的“去中心化”战略的一部分，目的就是为了弱化领袖的角色，让决策权主动向一线靠拢。只要一线员工察觉到市场的变动就可以直接做出相关的调整，而企业的生产研发部门也能依据一线员工提供的市场信息而明确研发的方向，这样就确保了华为的技术可以为客户服务。

为了保证决策权向一线转移，华为公司同步展开了组织结构及人力资源机制的改革，目的就是从过去的集权管理过渡到分权制衡管理，让一线拥有更多的决策权，以适应千变万化的市场环境。不仅如此，华为人还开始意识到决策权转移的关键在于缩短流程，而流程改革应该倒着来，从一线往回梳理，减少一些不必要的机构和部门，毕竟平台（支撑部门和管理部门，包括片区、地区部及代表处的支撑和管理部门）只是为了满足前线作战部队的需要而设置的，因此并不是越多越好、越大越好、越全越好，企业想要实现改革，就要减少平台部门，减轻协调量，精简平台人员，自然效率就会提高。

此外，华为还借鉴了代表处系统部以客户经理、解决方案专家、交付专家为“铁三角”的组织机构，以及轻装及能力综合化的美国海军陆战队式的一线组织结构，成功地将决策权转移到一线部门。到了2010年，华为已经建立起比较灵活的组织机构，可以顺利应对市场的变动，至此华为的管理体系改革进入了一个新的高度，而华为的市场开拓战略也进入了一个新的层次。

3. 新的生存法则：共生共荣

2014年1月13日，在《做谦虚的领导者》的内部讲话中，任正非说："我们很快要成为行业领导者了，一定要有正确的心态，若我们成为'成吉思汗'独霸天下，最终是要灭亡的。"不久之后，华为召开了一次"后备干部项目管理与经营短训项目"座谈会，任正非对台下所有的员工提出了一个要求：争抢大数据流量机会点，华为所占市场份额最好控制在1/3左右，而剩下的应该留给竞争对手。

任正非的观点提出来之后，很快引起热议，无论是公司内部还是外界都不理解任正非为什么要这么说，毕竟对于任何一家公司来说，它们所追求的是占领更多的市场，将所有的竞争对手排挤出去，但华为只愿意占领1/3的市场，这又是为什么呢?

如果仔细分析华为最近几年的发展，就可以看出一些端倪，在2013年到2014年之间，华为的营业额、利润、市场占有率都在稳步上升，但已经不再像过去那样大跨步式地向前发展了，而华为的发展实际上并没有出现什么太大的问题，在技术、资金、客户、市场吸引力方面都一切如常。因此华为降低发展速度，减少对市场的扩张，原因只有一个，那就是保持低调。

随着越来越多的企业想尽办法占领市场，华为的反常行为让人吃惊，媒体开始夸大这件事，他们猜测华为可能在扩张中遇到了瓶颈。可实际的情况是，2013年的时候，华为的营业收入一举超越了爱立信，接下来华为完全有实力成为世界上最强大的通信设备制造商，不可能存在发展瓶颈。而任正非很快就对此做出了解释："当我们抢不到大数据流量的机会点时，就会被边缘化、死亡；当我们全部占领大数据流量机会点时，也会怠惰，也会死亡。"

这是一个大企业家的大智慧和大谋略，在任正非看来，企业在市场上的实力一旦变得过于庞大，那么就会失控，一家垄断整个市场的大企业，表面上控制了一切，可是当整个市场成为一个人的游戏场时，就会不可避免地陷入衰弱，市场发展的潜力会很快被压制住。对企业来说，必须想办法控制自己的市场份额，控制住自身扩张的欲望。任正非给这个欲望设定一个标准，那就是市场的1/3，这个时候，由于其他多家竞争者控制住了剩余2/3的市场，就会形成一个比较有利的竞争环境。

在过去二十几年中，华为的发展一直都只有一个主张，那就是"扩张，扩张，再扩张"，争取成为市场上最大的甚至是唯一的厂商。再往前，外商在中国也是想尽办法占领市场，如贝尔曾经占领了四川90%以上的市场。过去所有的发展经验都表明，占据更大的市场才是硬道理。可是对于华为来说，如今的时局已经变了，过去的竞争模式和市场拓展模式也需要进行变革，任正非意识到华为必须改变自己的竞争模式。

首先是改善与竞争对手的关系，避免成为市场上的独行侠。为此，任正非认为华为要主动和其他对手进行合作分享，他还提出一个市场合作的方案——“分享制”，即华为在新的生态圈里，未来的十年内华为只取1%的利益，其余的利益要与其他人进行分享。比如，华为开始坚持管道战略，主张“上不碰应用，下不碰数据”，主动将应用和数据让给其他企业来做，这就是一种分享制。任正非在描述华为的市场定位时这样说道：“就像西瓜切成八块，我只要一块。我跟日本的公司说，我绝不会去搞物理的，我就是搞数学逻辑。这样日本的公司就放心了，我不会泄露它们的材料技术。我跟微软也说了，我永远不会搞搜索，微软也就放心了。在国际分工中，我们只做一点点事，以后也只能做一点点事。”

按照任正非的说法：“这个信息社会长大的速度，比我们的能力长大得快，不然我们也可以打打高尔夫、喝喝咖啡。我们的国际同行在这段时期也变大了，苹果大得皮都不知如何削了。我们的分享制，从20多年来对资本与劳动的分享实践，逐步扩展到对客户、供应商分享成功。同时，与领导这个世界的先进公司合作，共同制定标准、路标，一起为社会做出更大贡献。”

其次，进行价格调整。低价策略一直都是华为的杀手锏，可是进入欧洲市场后，华为一方面开始注重技术的提升，另一方面就是提升产品的价格，而提升价格的目的很明显，那就是让华为的市场竞争力看起来没那么强。这听上去有些矛盾，但任正非的确在要求华为提升价格——“我们在欧洲的份额也不能太高，我们也要给竞争对手留有生存的余地。所以有时别人说我们定价高，我们定价不得不高，我们如果定价低就把别人都整死了。把别人整死不是我们的目的。那么钱多了我们怎么办？我们就加强对未来的科学研究投入。去年我们在全世界的科学家有

700多个，之后要增加到1400多个。”

在很长一段时间内，很多对手都惊恐地将华为比作狼群，认为华为的出现会迫使其他猎食者离开甚至灭绝。也许在高速扩张时期，华为想过尽可能地占领市场，但事实上，这么多年来无论是国内市场还是国际市场，华为都没有吃独食的习惯，也没有将其他竞争对手赶尽杀绝。如果说过去的华为还没有能力垄断某个市场，那么现在的华为即便有能力，它也没有想过成为市场上唯一的通信设备制造商和服务商。因为华为知道，一旦草原上只剩下狼群而没有狮子、熊等其他竞争者时，狼会变得越来越懒惰，最终会因为跑不动而活活饿死，或者因为失去了竞争意识而被外来的侵略者轻易杀死。

正因为这样，华为需要小心翼翼地维持一个更加合理、更加丰富的生态圈，在这个生态圈里，应该有各种各样的合作者和竞争对手，应该有属于自己的可持续发展战略。不过并非所有人都对华为感到放心，时间回到2004年，当时美国微软公司正遭受垄断的指控，因此微软总裁鲍尔默亲自到深圳华为总部拜访任正非，目的是说服任正非不要加入针对微软的反垄断阵营中。任正非非常巧妙地回答说，反垄断是政府的工作，这种行为有利于创新，也有利于社会进步和消费者，不过华为没有想过反垄断。

华为的表态让微软很高兴，但是有很多竞争对手却认为华为这是明摆着要搞垄断。面对大家的质疑，任正非做出了这样的解释：“我们为什么不能同时在两把伞下待着呢？左手举着微软的伞，右手举着思科的伞，你卖高价，我低一点，也赚了大钱。我打倒了你，太阳晒得我满身大汗，汗水又浇肥了我脚下的小草，小草以低价侵占我的地盘……我才不吃力不讨好呢！”可见，华为不仅不赞同垄断行为，而且主张寻求一种均衡局势。

如今，华为已经成为世界上最大的通信设备制造商之一，但它仍旧在营造着一个合理的商业生态圈，在这个生态圈内，华为保证自己的戏份，扮演好自己的角色，从而确保整个市场处于一个活跃且有序的状态。

4. 高、中、低市场，一个也不落下

如今，随着市场不断完善和细分，企业在市场上的定位也越来越明确，这种定位直接决定了不同的企业在市场上所处的位置和赢利的范围。这样的模式在通信产业尤为清晰，比如在华为发展的初期，一直都被定位为初级市场或者低端市场的攻坚者，华为只能在一些相对落后的国家和地区开发市场。等到华为的发展越来越强势之后，开始进军欧洲等地的中高端市场，这个时候的华为目的同样很明确，就是摘掉低端的帽子，让自己融入到高端市场去竞争。

从华为在欧洲正式站稳脚跟开始，到如今大约只有10年的时间，这10年是华为重要的转型期，华为一直都在努力提升自己在国际市场的品牌定位，并且与国际高端市场成功进行了无缝接轨。可是这种无缝对接并不意味着华为就此向欧洲那些老牌公司靠拢，并不意味着华为就要完全专注于高端市场。

在瞬息万变的市场变化中，任正非选择了一种新的战略部署，那就

是高、中、低市场一样不落下。这种部署最明显的体现就是在手机板块中，2014年，华为发布第一款高端旗舰机型——华为Mate7，这也是中国第一款自主研发的高端手机。这款手机研发并投入市场，最终获得了700万销量的好成绩。在那之后，华为相继推出了好几款高端手机，包括P9、Mate9、P10等。这些手机在质量、技术含量以及价格方面都达到了高端手机的标准，其中一些手机还达到了国外知名手机品牌的价格水准。很多人认为华为将会主打中高端手机品牌，而放弃低端的手机生产线，但任正非却提出了“一手抓中高端市场，一手抓低端市场”的口号。

在华为进行全方位部署的时候，国际手机市场的混战已经愈演愈烈，不断有新的竞争者加入进来，但是从整体来看，每一个入局者都具有比较明确的定位和势力划分。作为最成功也最强大的手机公司，苹果公司和三星公司主打高端手机品牌，尤其是苹果公司，基本上保持每年推出一款手机的速度，它的手机基本上都是高端产品，无论是价格还是功能都比较明确。还有其他一些竞争者，他们基本上也都有自己的市场定位，尤其是考虑到市场的不断重新洗牌，以及手机利润的下降，除了苹果和三星始终坚挺在中高端市场上，其他手机也纷纷选择适合自己的位置。

对于华为来说，它同样需要找到一个好的位置，而从最近两三年的发展来看，华为比较适合走中高端市场路线。虽然华为一直都在努力拓展和稳固自己在中高端市场的份额，却始终没有放弃自己在低端市场的手机业务。比如在2016年上半年，华为就确定了三个不同档次的手机产品线，其中低端产品线包括199美元以下的G系列、Y系列和荣耀系列；中端产品线为199~399美元的G+系列和荣耀高端系列；高端产品线是399美元以上的Mate系列和P系列。不同的价位往往对应着不同的市场，这样就可以确保市场占有率。

作为一家世界级别的公司，华为的做法有些让人摸不着头脑，内部也开始有人主张放弃低端手机。毕竟低端手机的利润非常低，保留生产线不仅会增加华为的成本消耗，还会影响华为手机越来越高端的整体形象。

对此，任正非解释："我们现在是针尖战略，聚焦全力往前攻，我很担心一点，脑袋钻进去了，屁股还露在外面。如果低端产品让别人占据了市场，有可能就培育了潜在的竞争对手，将来高端市场也会受到影响。华为就是从低端聚集了能量，才能进入高端的，别人怎么不能重复走我们的道路呢？"

作为过来人，任正非知道华为的崛起是从低端市场开始的，无论是交换机、路由器还是手机，最初都是从低端业务和低端产品开始的，依靠这些别人看不起的低端业务，华为才找到了生存的空间。如今华为面临的状况和当年那些大企业一样，一旦过分重视中高端市场而轻视低端市场，那么就会让很多新兴的竞争对手有机可乘，趁机占领低端市场。当这些新对手在低端市场站稳脚跟后，就会全力以赴地冲击高端市场。华为把握低端市场可以有效防止其他品牌从低端市场进行渗透，防止更多的潜在的新手机厂商对自己形成威胁，这样对华为整体的发展能起到很大的保护作用。

而且华为在低端市场方面本身就具有很大的优势，依靠着通信网络中的交换网络、传输网络、无线及有线固定接入网络和数据通信网络及无线终端产品，华为公司可以为世界各地通信运营商及专业网络拥有者提供硬件设备、软件、服务和解决方案，这些通信业务本身就是华为在低端市场拓展业务的基础。很多公司的低端手机很难在低端市场拓展业务，就是因为缺乏体系化的支持，而这些问题在华为身上根本不存在。

此外，低端市场始终都是中高端市场的基石，也是一个保障。三星和苹果公司如果在高端市场上失去了统治力，那么它们很快就会出现危机，而华为却不会出现类似的情况，因为即便中高端市场的手机卖得不好，它还可以退而求其次，在低端市场保持利润来源。其他业务也是一样，如果华为在欧洲的市场遭遇了危机，那么至少它还可以依靠非洲、亚洲和拉丁美洲的市场撑过去。

正因为如此，华为在逐步从低端产品向高端产品转移的过程中，并没有丢掉低端市场，而是维持高、中、低端市场的全方位推进。2015年，华为手机的出货量达到了惊人的1.08亿部，其中有很大一部分就是低端手机的份额。公司提出的要求是中高端的手机出货量要达到7700万部，而低端手机的出货量也要达到6300万部。由此可见，华为对于不同层次的市场依赖程度是比较均衡的，虽然华为一直在想办法赢得更多的高端市场份额，但是它在低端市场的控制力依然非常强大。

对于华为来说，逐渐进入中高端市场，甚至成为高端市场上的明星品牌，这是公司追求的一个发展目标，但是在实现这个目标的过程中，必须循序渐进地降低低端市场的份额，必须想办法一点点提升中高端市场的比例，而不是盲目地将低端市场完全抛弃。为了确保在中高端市场的正常运作，就需要发挥华为在低端市场的基石作用；反过来说，华为也需要提升自己在中高端市场的影响力，从而带动低端市场的销售额。因此华为必须全方位地撒网，从而确保各项业务的收益以及在不同市场的影响力。

5. 任正非的“管道战略”理论

“华为随便抓一个机会就可以挣几百亿，但如果我们为短期利益所困，就会在非战略机会上耽误时间而丧失战略机遇。所以，华为的‘傻’，还体现为不为短期挣钱机会所左右，不急功近利，不为单一规模成长所动，敢于放弃非战略性机会，敢赌未来。敢赌就是战略眼光，就是聚焦于大的战略机会，看准了，就集中配置资源压在关键成功要素上。华为多年来只做了一件事，就是坚持管道战略，通过管道来整合业务和产业。通信网络管道就是太平洋，是黄河，是长江，企业网是城市自来水管网，终端是水龙头，沿着这个整合，都是管道，对华为都有用。当然，管道不仅限于电信，管道会像太平洋一样粗，我们可以做到太平洋的流量能级，未来物联网、智能制造、大数据将对管道基础设施带来海量的需求，我们的责任就是提供连接，这是一个巨大的市场。”

这是任正非在定位华为的市场战略时所说的一段话，而他之所以敢这么说，主要在于良好的环境。随着中国经济的崛起，世界经济的发展，以及信息技术的普及，整个通信行业的发展空间将会成倍扩大，这对任何通信企业来说都是一个非常好的机会。比如有的企业会注重芯片开发，所以它们的目标是垄断芯片市场；有的企业更擅长进行基础软件的研发，因此它们更习惯于在这一领域攻坚；有的企业痴迷于电子消费终端，它们将大部分精力投入到这一领域；还有一些企业专注运营，专注内容，或者专注硬件的生产；而华为则选择和聚焦管道，华为内部所有的业务其实都是沿着管道进行整合与发展的。

任正非曾经说过："我们要做一个管道操作系统，下面操作管道，上面中间平台是网络集成，对上还要能开放，把所有内容接进来，实现管道的三点衔接，即任何两个点经过一个转接点就能接通。"这是华为在新时期的一个重要定位，随着信息技术的发展，这个定位需要得到强化。不过很多人对于管道的概念并不清楚，也不清楚什么是管道战略。

按照华为人的说法，华为管道战略中的管道是一种面向技术视角、产业视角的用来承载信息的数字管道体系。如果拿中国的水系来做比喻，那么在这个管道体系中，网络终端（例如手机）就像是水龙头，只要水龙头一开，水（信息）就能流出来，信息就可以不断产生，并提供给消费者消费。企业网络相当于支流和城市管网，企业的数据中心就像是水库，支流越宽，城市管网铺得越好，那么管道就可以收集更多的水，这个时候内部的信息交换会更加频繁和发达，信息化程度也就越高。如果把目光放得更远一些，那么移动宽带、固定宽带是黄河和长江，数据中心解决方案就是洞庭湖，骨干网解决方案则是太平洋，它们负责处理和传输从各个支流汇聚过来的数字洪水。通过更广泛的布局，华为构筑了一个完整的体系，这是一个从信息产生到汇聚、传输、交换，最终形成宽广信息太平洋的信息管道载体。

简单来说，所谓的管道就是传送信息的通道，而华为的管道战略就是致力于信息传输通道的建设。有些人对此提出了质疑。因为相比于聚焦管道业务，做内容的企业往往更加挣钱。任正非对此有着自己的理解，由于企业的最终目的都是为了追寻利润，利润越大自然越受欢迎，因此越来越多的企业都争着抢着做内容，导致信息越来越丰富，信息的传输能力要求越来越高，一些小的服务商没有办法满足信息传输的要求，也没有太大的贷款，最终会自动退出市场，而华为这样的大公司就可以更加自由从容地生存，而不必担心小服务商掀起的低价恶意竞争。

有人曾经做过统计，每天互联网产生的全部内容可以刻满1.68亿张DVD；发出的邮件有2940亿封之多，这一数据相当于美国两年的纸质信件数量；每天发出的社区帖子达200万个，这些帖子的文字内容十分庞大，相当于《时代》杂志770年的文字量；每天卖出去的手机为37.8万部，而与此同时，全球每天出生的婴儿数量不过才37.1万。这些还是2014年的数据，而在互联网时代，每一天的信息技术几乎都在进步，每一天产生的信息几乎都在增加，到了2017年，每一天的信息总量或许已经翻了好几倍。

面对如此庞杂的信息，如果没有合适的信息管道来运送，那么信息就会被堵在狭小的空间里，信息的流通就会出现严重问题。华为的目的只有一个，就是继续撑大数据、信息流通的管道，这样才能够迎合每一天都在增加的信息量，才能确保整个信息社会的正常运作。而且一旦管道的覆盖率得到保证，那么客户的体验将会获得提升，这时候社会就可以依靠这些管道以及管道中的信息来连成一个整体。

坚持管道战略成为华为在新时期最重要的使命，为了强化这个战略，任正非制定了四个相应的措施和要求：

一、管道的根一定要扎在客户端。如果说整个信息运作体系是一棵大树，那么树枝上挂满的果子就是运营商、内容提供商等各种信息供应商的业务，而华为就是运输养料的树干，树根就是客户端。对华为来说，客户端是信息传送的一个关键，只有将管道扎根于客户端，才能养活千千万万的运营商和内容提供商，也才能让整个社会的信息传输连成一个整体。

二、华为公司并不直接提供或者生产内容，而是一个负责运输信息的管道，因此任何资源的整合与企业的变革、创新都必须沿着管道进行，如果绕过管道而去做一些无关紧要的事，那么华为的发展将会失去方向和基础。

三、华为核心业务就是管道业务，而管道建设的好坏至关重要，为了让管道变得更具竞争力，在降低成本和提升服务水平之余，华为需要重点提升管道所能够提供的价值，因为价值才是客户最关心的。

四、拓宽管道是管道战略的主要形式。只有把管道撑大了，华为的信息传输功能才会得到增强，华为的价值才会进一步凸显出来。在任正非看来，信息传输的管道只会越来越粗，因此华为必须提前跟上形势，从而确保在该领域内的领先地位。

为了提升华为的管道竞争力，任正非还建议华为采取管道上的针尖战略，简单来说就是将力量集中在某一个领域或者少数几个领域，这样才可以快速形成竞争优势。任正非认为华为在管道建设领域落后于美国的一些公司，华为想要全面超越对手在短时间内不可能做到，因此最好的办法就是集中精力在某一部分领域争取领先对手。

信息的快速发展为通信企业提供了各种商机，对于华为来说，会有很多种不同的选择，这些不同的选择同样也会形成各种各样的诱惑，而此时坚持管道战略，不仅仅是新时期对华为的一种新定位，更是对华为未来发展趋势的一个定义，而恰恰是这种坚持才使得华为能够在风雨中不断成长，并且变得越来越强大。

第十章

华为新时代

华为的人工智能在投资充分的情况下不要太冲动，目前可以采取小步快跑的原则，将主要精力聚焦在那些确定性、人工消耗大的项目上，不要盲目扩大生产线，而应该想办法在智能化领域中先寻找一个突破点，只有撕开一两个口子，集中力量打歼灭战，华为才有机会逐步进入到智能时代。

1. 云计算的未来

2008年，谷歌率先提出“云计算”的概念，短短几年内，云计算的概念在全球范围内传播和发展。云计算是以互联网为基础服务的增加、使用和交付的新模式，通常索取对象为虚拟化资源。云计算拥有强大的计算能力，甚至可以模拟核爆炸、预测气候变化和市场发展趋势。如今我们在日常生活中也可以使用云计算，通过电脑、笔记本、手机等方式接入数据中心，按照你发送的指令完成计算。

美国国家标准与技术研究院将云计算定义为：“一种按使用量付费的模式，这种模式提供可用的、便捷的、按需的网络访问，进入可配置的计算资源共享池（资源包括网络、服务器、存储、应用软件、服务），这些资源能够被快速提供，只需投入少量的管理工作，或与服务供应商进行很少的交互。”

在信息时代和数据时代，云计算代表了信息处理技术的一个新领域，也为未来信息技术的发展提供了一个方向。华为作为世界上最优秀的通信设备制造商之一，对于信息、数据的处理技术要求很高，因此也开始尝试进入这一领域。在了解云计算之后，华为开始投入大量资本进行研究，并且决定研究相关产品。

2014年，华为发布了一款名为“FusionInsight”的大数据平台产品，通过这项服务，华为能够为不同厂家提供硬件资源池的融合、计算、存储、网络架构融合、固定移动融合的云接入服务。通过这个产品，华为实现了超过1000KM的异地容灾。很多人对这套系统不了解，不明白华为为什么要花费精力去研究它，但任正非认为，在信息时代，只有拥有更高的信息处理技术，只有尽早地构建海量数据信息处理系统，才能更好地收集、整理和分析相关的信息数据。通过对企业内部和外部的巨量信息数据进行分析挖掘，华为可以更快地发现全新的价值点。

在客户服务方面，华为可提供的云计算功能是相较其他企业更为完整的服务，能够帮用户建立弹性、自动化的基础设施，根据用户需求制定服务模式和更加敏捷的IT服务。通过先进技术，FusionCloud可以最大限度地实现云平台的开放性，“帮助企业和服务供应商建立和管理私有云、公共云和混合云中的各项服务”。而正是这种独特的服务，让华为在众多提供云服务的厂商中脱颖而出。

2015年7月，华为正式发表声明进军企业云市场，从私有云到公有云，华为的云计算能力得到了长足的进步。2016年5月，在Forrester的报告*Forrester-Brief-China's Clouds Come To Europe*中强调了华为在中国云市场上的地位，并详尽介绍了FusionCloud解决方案的诸多利弊，同时向欧洲市场推荐了华为的云服务。

报告一出，华为逐渐被欧洲云服务市场所接受，甚至成为热议。接下来，华为的云服务在国内和海外市场达到了稳定的增长，公有云和私有云方面的业务不断增长，基础云服务内容则一步步得到扩充。

2016年，华为的云计算业务出现了质的飞跃，首先Gartner报告显示，华为存储市场份额全球排名第七，增长率全球第一，其中中国市场收入第一。在Gartner2016通用存储阵列魔力四象限报告中，华为被定义为领导者，成为高端存储的主流玩家；报告还显示，华为服务器从特定领域者（Niche Players）象限迈入挑战者（Challengers）象限，截至2016年第三季度，华为非塔式服务器出货量进入全球前三，Intel x86 四路以上服务器发货量全球第一；华为发布全球首台32路开放架构小型机KunLun，引领关键业务系统从封闭走向开放；截至2016年9月底，华为云计算已服务于全球130个国家和地区，超过2500家客户；在HUAWEI CONNECT 2016大会上发布了31款基于FusionCloud的云服务、融合存储FusionStorage 6.0、FusionStage PaaS平台和OceanStor Dorado V3。

目前，华为的云服务已经遍布全球130多个国家和地区，有超过200万台虚拟机运作着，有420个云数据中心，为全球的政府和公共事业、电信、能源、金融、交通、医疗、教育、广电、媒资、制造业等主流行业提供服务。

由于云服务具有多个种类，而且每一个种类都具有不同的优势，因此华为在发展云服务的时候，一直坚持以客户服务为导向，按照客户企业的自身条件和现实需求提供定制化的云服务，在众多云服务厂商中独树一帜，成为行业领导者。

比如在私有云方面，华为在2016H1服务器虚拟化中国区排名第二，桌面虚拟化中国区排名第一。此外，在2016年，华为首次入围并荣获“强劲表现者”称号，这是华为在私有云领域的成功。正因为受到了大众的认可，2016年这一年，华为成功与江西政务、太平洋保险、墨西哥

AM、法国电视台等大客户达成合作伙伴关系。至此，华为的私有云已经深入到政府和各行各业的企业中。

在其他方面，华为的发展同样很快。2015年7月，华为宣布进军企业云领域，并率先推出了自己设计运营的企业云，并且完成了全国云的部署，形成一张数量众多、规模巨大的网络，身在其中的用户能享受到便捷的服务，还能完成与其他企业的互动。在企业云方面，华为继续坚持“聚焦I层，使能P层，聚合S层”的定位，提供安全可靠的云服务。而“上不做应用，下不碰数据”的承诺，表明了华为绝不会侵犯和泄露用户的隐私。

2016年3月14日，德国电信在CeBIT 2016大会上宣布开放电信云，“提供包括私有云、公有云和软件解决方案在内的全套云服务”，华为为其提供了过硬的硬件和软件服务，随后欧洲核子研究中心（CERN）、“螺旋星系”科学云、欧洲最大贸易和旅游公司REWE集团、戴姆勒股份公司等重量级客户的入驻，让德国电信声名大噪，也令华为更值得信赖。

最后，华为与中国电信共同推出了“天翼云”，但是华为没有走向舞台，而是退到幕后，成为幕后英雄。这种让利于运营商的好事自然吸引了众多运营商的目光，其他运营商在观望之后，纷纷选择与华为合作。华为能够成为成功的企业，除了产品过硬、技术优势等因素外，还在于任正非独特的思维，他懂得在适当的时候让利于合作者——给他人利益，也是给自己利益。

目前华为的云服务非常完善，但无论是哪一种云服务，其技术支持都来源于OpenStack。OpenStack是一个开源的云计算管理平台项目，代表着开源、开放和生态，而云计算也必须依靠开源、开放和生态的环境才能生存，两者的结合可以说是顺势而为。

华为正是看到了OpenStack的产品优势，乘胜追击，才逐渐形成了一个基于OpenStack的完整系统。不仅如此，在相关项目研发上，华为投入了600余名员工，并且一直坚持“聚焦”与“被集成”的发展原则，将目光主要聚焦在云服务尤其是基础云服务的构建上，最终在OpenStack的开放性平台上逐渐形成规模。

而在基础云服务上做出成绩后，华为就不再简单地提供云服务，而是想着成为该领域的倡导者、推动者和领导者，因此华为开始实行“全面云化”的战略，从设备、网络、业务、运营等方面升级现有网络服务，并形成了三大阵营的用户：第一类是运营商用户，以系统化云服务为主；第二类是企业用户，以云计算服务为主；第三类是消费者用户，以云服务的品质和体验为主。而三种用户的云服务都要以质量和服务为前提，才能在用户心中树立起良好的企业形象。

为了进一步满足用户深层次的需求，华为一直在加大投入，完善云计算的计算能力，完善自己的云服务功能，从而构建其完善的商业模式。也许在不久的将来，华为将率先进入云功能的时代。

2. 从设备制造商，到IT供应商

近20年以来，互联网、云计算、移动终端和物联网发展迅猛，IT行业成为最热门的行业之一。作为一家世界顶级的通信设备制造商，华为一直都在把握时代的脉搏，因此也很快将目光放在IT基础设施之上，它还专门为客户打造了先进而高效的IT平台，帮助各个企业简化自己的IT系统。

事实上，华为在IT行业的发展比较晚，华为的技术人员最初在谋划未来发展方向的时候，看中了云计算，而忽略了IT设备制造，结果在云计算的市场上，华为先入为主，并且成为制定市场游戏规则的企业，而在IT设备上则贻误了商机，没有成为最早一批提供相应服务的厂商。幸运的是，华为拥有强大的销售网络，并且有能力将IT服务和服务器市场结合起来，所以通过销售网的二次销售，华为成功地使用原有的销售网将IT服务销售出去。

为了能够确保在IT服务领域获得领先地位，华为开始在IT上加大投入，争取与云计算业务保持同步。通过几年时间的市场部署，再加上销售人员巧妙的销售技巧，华为在服务器、存储、分布式云数据中心等领域获得了众多客户的支持。不过任正非意识到，华为想要在IT领域成为领导者，最基本的一点就是要生产出具有跨时代意义的IT产品。

2013年，华为自主开发出FusionSphere云操作系统。按照华为的描述，这是一款“面向多行业客户推出的云操作系统产品，基于OpenStack架构开发，整个系统专门为云设计和优化提供强大的虚拟化功能和资源池管理，丰富的云基础服务组件和工具，开放的API接口等，可以帮助客户水平整合数据中心物理和虚拟资源，垂直优化业务平台，让企业的云计算建设和使用更加简捷”。

这款产品的推出令华为在IT领域声名大噪，FusionSphere云操作系统的客户多达500余家，为全球40多个国家和地区提供服务，全球客户人数超过800家，其中有电信、能源、金融、交通、医疗、教育、媒资、制造等多个行业。华为从原来知名的设备制造商摇身一变成为IT行业巨头的有力竞争者。随后华为再接再厉，继续推出多款创新性产品。

从2013年开始，华为在IT基础设施建设上就取得了很大的突破，从这一年开始，华为连续多年在全球收入增长率、发货套数、服务器全球出货量等方面名列前茅。华为在全球已经建立起近500个数据中心，其中云数据方面的研发中心有近200个，从而一举奠定了华为在IT产业中的地位。此外，华为还创新性地从IT方面介入全球服务器市场。

有报告显示，2015年第一季度，华为刀片式服务器的出产量达全球第三，其他类型的服务器的出产量也不容小觑，连续多年在世界排名靠前。几年间，华为服务器的出产量甚至超过了思科，而且在各类服务器中，只有华为一家实现了连年的增长。

2015年是华为在IT基础设施投入上关键的一年，他们推出了新一代OceanStor 18000 V3系列高端存储、全球最快的横向扩展存储系统OceanStor 9000、FusionCloud Omni Solution混合云解决方案等，并与SAP、埃森哲、英特尔等企业继续合作，不断给客户提供“创新、差异化、领先的IT解决方案”。另外，任正非认为云服务必定会成为IT行业的发展大势，谁能够为客户提供安全高效的云服务，便能在市场上占有一席之地。为了满足大客户的需求，华为开始提供企业云的服务。

2015年3月17日，华为与德国电信签订了全球性IT基础架构和私有云解决方案的框架协议，为德国电信提供硬件设备和软件服务，德国的T-System与其共同合作完成了德国电信的建设。

华为还在寻求与世界强者的合作。其与英特尔达成了合作共识，在全球范围内为运营商提供公有云的服务。华为与SAP的合作也很快提上议程，如今两家企业已经成为亲密的合作伙伴。任正非与其高管制定了未来的发展方向，两家企业在物联网和工业4.0领域展开研究，“为全球行业客户快速、简易地进入物联网和云部署提供保证”。

经过不懈努力，华为已经拥有了“端到端的企业级IT基础设施产品与解决方案”，并且能够在同一套系统中同时支持私有云应用和公有云服务，让许多跨云使用的客户无后顾之忧。华为在帮助客户解决云问题的同时，坚持“被集成”的商业模式，坚持创新产业的研发，巩固自己在IT行业主流厂商市场的地位。

2015年9月18日，华为在上海世博中心举办了2015年华为云计算大会，以云计算、大数据为代表的IT技术已经逐渐成熟，成为整个行业的中坚力量，全球上万名行业精英人士聚集在上海，华为将自己对于云计算功能甚至整个行业的发现与同行交流，一同畅想云服务的未来。华为已经从设备制造商转变为IT供应商，其信心十足。对于云计算的未来，任正非告诫自己必须坚守阵地，挺过寒冬，便会迎来IT产业的春天。

在存储业务方面，华为同样获得了很大的发展。2015年发布的外部磁盘存储市场报告显示，华为是全球性增长幅度最大的企业，华为还是中国国内存储市场的领头羊，而且与其他同行的业绩差距还在持续拉大中。

随着IT的不断发展，华为制定了IT领域的目标："精简IT，敏捷商道。"这意味着华为在IT领域要继续以客户为中心，"利用先进的技术帮助客户实现云化转型"。华为的IT服务不在于个人，而在于企业。任正非倡导华为要成为"企业IT基础设施云架构的倡导者、推动者和领先者"，在IT基础设施上添砖加瓦，帮助企业在IT系统由繁入简，让企业的IT系统更为简便高效。

通过变革，如今的华为不仅在通信方面为企业提供服务，在IT领域、云领域同样全方位地为企业提供服务，依赖强大的技术和良好的服务态度，华为不仅能够在一个领域中立足，还实现了多个领域的共通。单就云服务这一项就已经能达到服务器、存储、云计算一系列的服务，再加上华为在通信产业的能力，显然华为在通信和IT方面都成为巨头。

未来的时代是基于网络服务的时代，华为也已经将IT作为未来的发展重点，为了保证能够积极创新，推动变革，促进行业的转型和发展，如今的华为在IT领域已经投入了超过1万名员工，而且在深圳、西安、北京、杭州、成都等地设立研发中心，在德国、美国、加拿大、俄罗斯等地也设立了海外研究中心。为了强化这一业务，华为的一部分研究中心已经从原有的项目上撤回，转而投入到IT领域中，有了这样的投入保证，华为在IT产业的发展前景将会变得越来越光明。

3. 产品“零缺陷”化

2016年3月29日，“中国质量奖”在人民大会堂举行颁奖仪式，这是中国在质量领域最权威的奖项，当主持人宣布华为获奖的那一刻，华为人欣喜若狂，这一刻是他们梦寐以求的。在众多微笑的面孔中，有一位老者静静地坐在一旁，脸上露出欣慰的笑容，他便是任正非。

这一刻的确值得华为人高兴和骄傲，如今能够建立起完善的质量体系，并且能够得到大家的认可，这是对华为发展的最佳褒扬。其实创业30年，华为对于质量的追求从未懈怠过，从无到有，从差到好，华为走了很长的路。

华为进入市场之初，由于技术不高，华为的产品一直存在质量上的问题，虽然拥有低价策略和良好的服务，可是质量上的硬伤始终成为制约华为发展的重要因素，任正非对此也感到头疼。随着华为的高速扩张，在技术上得到了很大提升，可是由于内部缺乏一个统一的质量标准，导致华为产品的质量一直得不到大家的认可。

就在那个时候，印度的软件市场悄然崛起，其质量得到了业界的认可，任正非决定向印度企业取取经。不久之后，华为在印度建立了研究所，专门负责研究提高产品质量一事，将CMM（能力成熟度模型的简称，是对于软件组织在定义、实施、度量、控制和改善其软件过程的实践中各个发展阶段的描述）引入华为，随后CMM成为华为产品质量体系第一阶段的标准。当时华为的产品参差不齐，主要是因为没有统一标准的制作流程，随意性较大。而此时华为面对的客户群体也有了变化，之前在国内由于市场刚刚建立，客户对于产品没有统一的判断标准，对于质量的感受也不同。而国外市场已经基本成熟，他们有自己的一套关于产品的判断标准，对于质量的要求也更高。

缺乏统一标准的华为，初到国际市场就遭遇了质量不合格的重创，所以华为不得不立即建立起以CMM为准的质量管理体系，CMM从产品生产的方方面面做出规范，内容十分详细，让产品的每一项都合乎质量标准，进而确保整个产品质量都能够达标。

随后，任正非发现因为执行标准不同，客户对产品质量的要求也不同。在全球市场上，没有必要统一产品质量，可以因地制宜，在不同地区实行不同的质量标准，这样能够有效降低质量成本，帮助企业节约资源。为了迎合国际市场不同的质量考核标准，华为建立起“集大成的质量标准”，通过不同的量化标准达到要求的质量，从而获得了客户的认可。

需要注意的是，此时华为生产的产品是合乎标准的，但还没有达到高质量的水平。当任正非将市场扩张到日本、韩国时，他意识到了华为的问题，也对产品质量有了更深的体会。产品不能以满足客户需求为标准，而要以远远高于客户需求为标准，做到“零缺陷”化的产品才能成就一家非凡的企业。

坚持极致的质量要求有一个明显的优势。由于市场形势瞬息万变，要求的产品质量也在不断变化，而无论采取哪种形式的质量体系都有被淘汰的一天，只有以永远高于市场质量体系的标准来生产，做到匠心独运，以不变的“零缺陷”应对万变的质量体系，才能永远立足于市场，永远处于行业的前列。

话虽如此，可是任正非对于产品的极致要求让华为的技术人员格外苦恼，毕竟“零缺陷”是一个极高的要求，在现代商业环境下，这几乎是一个难以完成的任务。这时候任正非意识到华为除了要建立相应的产品生产标准和检验标准外，更重要的是需要建立关于提升产品质量的企业文化，让华为员工意识到质量的重要性。严格说起来，这是华为质量体系建立的第三阶段，此时的华为已经不再以市场为导向，而是以市场标准的质量为基础，追求产品的极致，争取做到产品的“零缺陷”化。

任正非组织华为的管理者多次召开质量研讨会，会上深刻讨论了“质量四项基本原则”，并且以此为基础总结出一套完整的华为质量原则，包含质量的定义、质量系统、工作标准、质量衡量四个方面。华为倡导的产品“零缺陷”化，也是从“质量四项基本原则”而来的。

为了判断产品是否合乎标准，华为建立了一套完整的流程管理体系，从技术、技术流程、产品设计、后续服务、使用情况等几十个方面狠抓产品质量。对于华为的质量标准和流程管理体系，任正非还专门组建了一队人马负责监督和完善。自此，华为形成了以“零缺陷”化标准为基础的“大质量观”。

2015年，华为荣耀集中销毁了1万多部手机，销毁的原因不在于这些手机的质量不过关，而在于这批手机在运输的过程中，运输车的轮胎起火，导致手机受到了高温烘烤。虽然事后经过检测，这批手机中的不良率只有1.4%，不过为了防止手机在使用过程中可能会出现一些隐患，华为决定全部销毁。

为了推进“零缺陷”化的标准，华为每年轮值的CEO都会设定一个质量目标：“如果质量没有做到业界最好，那么就把目标设为业界最好，尽快改进。如果已经达到业界最好，那每年还要以不低于20%的速度去改进。”

在一年结束之时，华为还会对管理者提出的质量目标进行考量，合乎要求的给予奖励，不合格的进行“流放”。因此，任正非和每一位轮值的管理者都会重视产品质量，都会想方设法提高产品质量，努力达到“大质量观”的要求。对于华为来说，“零缺陷”和“大质量观”不是产品的噱头，而是产品的基础和目标。

华为不仅将“零缺陷”化和“大质量观”带给同行，也将这种理念传递给客户。像苹果公司一样，华为正在创造行业标准，告诉客户他们需要的是什么，而不是等待着客户告诉企业自己的需求。在中国市场上，无论哪个行业，都不乏用高质量要求自己的企业，但是鲜有企业能够像华为一样，将质量如此量化再细化，继而形成专门的体系的。华为在质量体系上的付出，不比其他任何企业对于产品的投入少，华为是在用做产品的心做质量体系，用追求完美的心做产品，对于产品，他们投入了其他企业两倍甚至更多倍的精力和耐心。

华为质量体系的完善经历了十多年的时间，如今已经形成了一个复杂的系统，其内容包含质量标准、质量文化、判断标准等多个方面，虽然距离实现“零缺陷”化的标准还有一段路要走，但自从华为获得社会认可并且拿到质量奖项的那一刻起，它已经在“零缺陷”化的道路上获得了很大的成功。

4. 数字化转型风起云涌

随着数字化信息时代的到来，数字化转型已经成为全球企业的共识，通过数字化的转型，企业能够完成自身的升级，在性能和管理上达到更高的高度。作为通信产业和IT产业中的著名企业，近几年，华为一直致力于帮助各大企业进行数字化转型，如何将现有的云计算、大数据、移动互联、物联网等新技术融入到企业之中，并极大地缩短企业的改革时间，减少改革成本，这是华为一直致力于达成的企业数字化改革的目标。

为此，他们需要建立一个完善的体系。华为人曾这样描述这个体系："（华为）正在通过云计算、大数据、物联网、SDN等ICT技术与平台，为金融机构打造架构灵活、分析精准、协作高效、渠道创新、管控安全的IT支撑能力，并帮助客户实现交付立体化、产品服务场景化、客户管理智能化。华为面向金融行业的策略是'平台+生态'，通过自身团队、合作生态的建设，为客户提供高品质的产品、解决方案和服务。"

话虽如此，在数字化转型的进程中，各个行业都会面临各式各样的问题，其中以金融行业的情况最为特殊。因为行业特性，金融行业要求数字传输要具有较高的连续性、可靠性和安全性，在开展数字化转型时要以这些需求为前提进行创新，数据传输的稳定和连续是转型过程中必须解决的问题。同时，金融行业的核心系统十分陈旧，无形中加大了转型的难度；另外，一些新兴技术如何为金融行业服务也成为一项难题。

为了解决这些难题，华为在金融行业数字化转型中加大了投入，还提出了重塑平台、重塑数据和重塑服务的解决方法。重塑平台指将金融行业原本封闭的架构转换成开放式布局的架构。为了满足金融行业的需求，华为推出了目前水平最高的金融云平台，吸引了多家银行和保险机构，帮助他们实现数字化的转型。这些机构选用华为的云平台之后，为用户提供金融服务的时间缩短了至少一周，在理财类、缴费类、财政类等多项业务上实现了全面云化。为了提高运行效率，华为还推出了开放架构小型机KunLun系列，在用户间也颇受好评。

重塑数据指的是通过大数据的技术和方法重新塑造金融数据架构。华为适时推出了FusionInsight平台，通过这个平台，众多金融机构和企业可以与互联网进行实时数据交换，并且是在高度保密的情况下进行的，不用担心安全问题。交换数据可以帮助金融企业了解用户的喜好和需求，从而推出满足消费者需求的金融服务，大数据交换默默提升了企业对风险的控制能力。

重塑服务方面，华为突发奇想加入视频服务功能，让金融企业能够更直观地面对用户，了解用户需求，提供感动式和即时性的服务，减少金融企业在服务上面的问题。不仅如此，华为还帮助金融企业开发了一套全面的基于线上服务的新功能，用于提高用户体验，让用户的满意度达到最大化。华为的总裁刘维明表示：“华为的平台能力是非常全面的，可以提供从最底层的网络、存储、计算设备到网管、安全、办公等软件，还可以提供数据中心、视讯系统、全媒体的呼叫中心等不同领域、不同环节的解决方案。”

华为之所以提出重塑平台、重塑数据和重塑服务的解决方案，意在打造全面的企业生态环境，并帮助金融企业建立一个全面的、带有战略性的服务体系。华为内部的高管解释：“受信息技术和应用高速发展的影响，各个行业都在进行数字化转型，在数字化转型中，各行各业的需求不尽相同，即使是同一行业，不同企业之间、同一个企业在不同时期的需求都会有很大差异。华为坚持‘被集成’战略，采用‘平台+生态’策略，为客户提供适配的行业解决方案。我们的生态伙伴了解客户业务需求，掌握技术发展趋势，同时与客户之间有稳定的合作关系，再加上华为的专业技术方案和支持，共同为客户提供量身定制的解决方案，各方都能从中受益。”

对于金融行业的数字化转型，需要金融行业内在的革新，也需要服务企业的创新技术，华为称其为“双轮驱动”。这样的改革既保证了金融行业数字化的内里稳定，也保障了数字化改革的顺利进行，两者相辅相成，推动企业完成数字化转型，并为金融行业提供了巨大的力量。

从现有的技术力量和行业前景看，金融行业使用云计算、大数据和人工智能是必然选择，如何在此之前建立起安全有效的体系成为华为这一阶段一直研究的重点。现代科技力量给金融行业提供了许多便利，低成本的运营可以实现高回报，也能及时反馈用户的需求和疑问，不仅提高了金融行业的业务能力，也提升了客户体验。

华为继续加大在金融行业的数字化改革，这让它吸引了国内诸多大型企业，其中银行是重点服务对象。华为最初为工商银行设计并建立了数据中心、分行防火墙等基础建设，并且承载了工商银行大部分业务。

在获得工商银行的认可后，华为继续为其他银行提供服务。华为正在不遗余力地帮助金融行业完成数字化转型，“华为的愿景是做金融数字化转型的引领者，以及云架构的倡导者和推动者”。

为了进一步推动整个行业的数字化进程，华为推出了合作伙伴激励计划，让所有与数字化有关的企业加入其中，共同推动数字化的形成，有些加入的企业提供数字化改革的方案，有些提供平台，有些则提供硬件设备，这些厂商与华为一同打造数字化改革体系的整个系统，让任何一家想要转型为数字化的企业在这里都能体验到一站式的服务，轻松解决企业内关于数字化的所有问题。这种模式加速了中国企业数字化的改革进程。这种设计不仅可以帮助中国企业完成数字化，还可以推行至世界众多国家和地区，这种数字化改革拥有单个企业无法企及的高速和高效。

如今，华为正在将这种合作共赢的方式推广到更多的地方。2017年3月，华为在湖南长沙国际会展中心举办了“华为中国生态伙伴大会”，会上，他们向同行展示了许多关于数字化的高新技术和设施平台，同时还推出了众多数字化转型方案，这些方案由众多为数字化服务的企业共同研发，聚焦了大部分行业，制订的计划详尽可靠，可以直接用于企业的数字化转型。

此外，华为还将目光放在了国外企业的数字化转型上。因为华为在全球各地都有业务，因此公司推出的联合解决方案在国内应用、验证过之后，完全可以推向海外，让国内、国外的客户都能受益。其中欧洲市场是最理想的服务对象，毕竟欧洲的经济和技术最发达，最适合数字化转型。

可事实上，欧洲市场上的数字化进程非常困难，因为这里的本土厂商有很多是家底雄厚的老牌企业，还有一些是拥有新兴技术的新企业，它们都是华为最大的对手。除此之外，华为还将面临其他一些方面的问题与压力。但华为对此充满信心，华为的轮值CEO胡厚崑在谈到全球数字化进程时说道：“华为将继续作为欧洲数字化议程的主要参与者之一。未来，我们还有很长的路要走，过程中可能会成功，也可能会失败，我们需要持续聚焦。面向未来，华为将与欧洲伙伴密切合作，使能欧洲数字化进程。”

尽管困难重重，但数字化的出现给许多企业带来了商机，能否抓住这一商机要看企业是否选择在合适的时机进场。华为较早地参与到数字化改革之中，成为其中的先驱企业，而在过去一段时间内，华为一直都在帮助国内外企业加速数字化改革。而随着改革工作的不断深入，华为要做的工作还有很多很多。

5.一个更“智能”的华为

在如今，很多企业都会提到一个关键词“智能化”，如果说我们今天处在一个互联网时代、数字化信息时代，那么在不久的将来我们又将全面进入智能化时代。如果对IT行业过去的发展进行简单划分，可以分为硬件时代、软件时代、互联网时代、移动互联网时代，而移动互联网时代之后就是智能化时代。智能化将借助新算法、新技术的演进和突破，对数据进行智能处理，并以此改造连接和交互方式，形成类人的智能体系，为消费者提供更加智能的服务和体验。

世界上最著名的咨询机构贝恩公司、麦肯锡咨询公司、波士顿咨询公司都曾对智能化进行过深入研究，并提出了未来智能化的发展方向，即认知计算、弹性连接、智能数据、自然交互。其中认知计算包含信息分析、自然语言处理和机器学习领域的技术创新；弹性连接是使网络具备编程能力，资源具备弹性可伸缩能力的技术；智能数据负责告诉我们智能系统发生了什么、为什么会发生、接下来发生什么以及如何应对；自然交互是从最初的键击、图像化、触摸，走向多感官、多维度、人性化。

简单来说，智能化最重要的是技术，毕竟它需要涉及数字化、网络化、云计算、大数据、移动互联网、物联网、人工智能等智能化技术，其提供的综合智能信息服务包括智能连接、智能平台、智能应用，以及三者深度融合形成的业务生态。而在智能化的潮流下，华为已经在技术方面占据了先机。

经过30年的发展，华为已经积累了明显的技术优势，无论是交换机还是网络建设，甚至在手机技术上也数一数二。已经成长为世界上第一大通信设备制造商的华为，完全有能力改变现有的世界通信格局。

最近几年的科技大战，高通VS诺基亚、三星VS苹果，它们之间无一例外地都是在争夺技术地位，谁在技术领域的优势明显，谁就越容易掌握更大的市场话语权，而华为也渐渐加入了科技大战中来。无论是专利技术始终位列世界前列，还是2017年4月份在与三星的专利大战中胜诉，所有的一切都表明华为已经成为世界上不可小觑的科技力量。

如果说华为的成本优势和公关优势、服务优势让华为赢得了更多的市场和客户，那么华为的技术优势是华为长期屹立于国际市场的基础。无论是曾经的交换机还是如今的手机，以及其他通信设备，华为始终没有放弃科研，大量研发资金和研发人才保证了华为的“智能优势”。

2017年年初，华为在日本建立了第二个研发中心，以此表明了他们对科技持续发力的决心。华为在日本的研发中心主要业务是与日本企业的研发机构一同进行科技研发，主要方向在物联网、下一代5G移动通信技术等方面，他们希望通过合作研究的方式实现虚拟现实等多个领域的技术突破。这已经是华为在海外建立的第五个研发中心，他们各司其职，为华为持续性地提供科技产品和技术支持。

在华为看来，5G商用可能需要到2020年，而2020年是一个智能化时代的分水岭，这是后互联网时代与智能化时代的交界处，可以说5G时代的来临其实也就意味着智能化时代的正式开启。

而为了迎接智能化时代的到来，华为早做好了准备，比如早在2014年，华为就首次发布了全球连接指数（GCI），它预计到2025年，全球将有1000亿连接，其中55%的连接将集中在商业领域，如智能化生产、智慧城市等，价值在于提高生产效率，创造生产效益。另外45%的连接应用在智能家居、车联网、可穿戴设备等面向消费者的领域，这些将极大地提升人们的生活品质。如今，99%的设备都没有被连接起来，因此华为多年来的目标就是提升接入的能力，这样才能在智能连接方面越做越好，越做越大。

在2015Wi-Fi联盟智能家居峰会上，华为的代表发表了重要讲话："智能家居是华为消费者业务的主要战略方向之一，我们将在此领域持续投入与耕耘。但同时，智能家居产业广阔，我们将依托华为以'连接'为主的核心能力，有所为，有所不为。"代表还表示，在智能家居领域，华为不会做具体的智能家电类产品，但是华为会把自己在连接、操作系统和芯片方面的能力开放给合作伙伴。

很显然，华为具备这样的优势。为了提升智能连接能力，成为业界领先的端到端融合解决方案提供商，华为多年来积极投入从芯片、终端到天线配套等方面的研发，推动产业端到端走向成熟。在2017年的互联网大会上，余承东爆料，华为目前正在研究人工智能芯片"麒麟"和人工智能处理器，并且争取在年内拿出相关的产品，这是华为在人工智能上迈出的一小步，也是华为提升连接能力的重要措施。

其他公司如今都在进行智能化时代的布局，包括谷歌公司、苹果公司已经将自己打造成一个平台型的企业，这也是华为奋斗的一个方向。因此除了智能连接之外，任正非一直强调华为要开发统一的人工智能软件平台，把算法、知识、方法、经验等都固化在平台上。数据底座的投资更需要加大，并且作为长期的基础工程来建设，只有拥有高质量的数据基础，人工智能才能发挥作用。

华为在大数据和云计算方面的发展为华为未来智能化数据中心的建设提供了很大的帮助，成为新一代智能化数据中心建设的驱动力。一般来说，一体化、模块化、标准化是智能化末端节点的基础，简单、高效、可靠则是分布式数据中心智能末端所必备的价值内涵，而华为在这一方面取得了很大的进展，华为曾展示出了小型智能模块化数据中心，受到了客户一致的认同。

目前华为在智能化方面已经打好了基础，无论是智能手机、云计算、云服务、大数据，还是物联网、移动互联网等方面都获得了一定的发展，但距离真正的智能还有一段距离。

任正非认为华为的智能化水平尚停留在工程科学的层面，尚未真正进入基础理论研究，大流量、低时延的理论还未创造出来，可以说华为进入了一个无人区，根本没有其他经验可借鉴。

但是为了把握智能时代，任正非决定在未来几年，华为每年研发经费要提高到100亿~200亿美元。不过任正非同时也提到了一点，华为的人工智能在投资充分的情况下不要太冲动，目前可以采取小步快跑的原则，将主要精力聚焦在那些确定性、人工消耗大的项目上，不要盲目扩大生产线，而应该想办法在智能化领域中先寻找一个突破点，只有撕开一两个口子，集中力量打歼灭战，华为才有机会逐步进入到智能时代。如果遍地都搞智能化，那么就可能导致华为的发展失去重心，华为也会因为自己的投资过于分散而失败，到时候就有可能满盘皆输。

第十一章

关于任正非

任正非希望员工可以和自己一样，抵制外界的诱惑，沉下心来继续做事业，脚踏实地地做好自己的工作，带领华为一步步往前走。

1. 不管怎么样，活下来

任何一家企业都是从小到大发展起来的，而在发展的过程中，究竟该采取什么样的发展策略呢？马云说："战略有很多意义，小公司的战略简单一点，就是活着，活着最重要。"任正非也说："活下来是真正的出路。"他在多个场合表态，华为的发展就是为了活下去。

马云的阿里巴巴、任正非的华为如今基本上都是各自领域内最强的企业，但为什么他们都把"活下去"作为最基本的发展目标呢？原因很简单，任何一家企业在发展的最初阶段都会遭遇巨大的压力和威胁，如果不注意生存策略，就会被其他强大的对手轻易摧毁。

以华为来说，它的生存空间比其他企业都要更加困难和艰险，毕竟通信行业是竞争最大的行业，在华为发展的前几年，由于实力太弱小，每天都在担心会被其他对手排挤出市场。当时任正非虽然制订了高瞻远瞩的战略规划，认为华为将来会成为通信设备制造业内三足鼎立的企业之一，但是在具体的战术执行上，他比谁都要头脑冷静，谨慎走好所走的每一步。因为一旦走错了一步，华为就会在竞争激烈的市场环境中彻底垮掉。

企业的发展、壮大都要建立在“活下来”的基础上，毕竟只有存活下来，企业才有扩大规模的机会。但企业在扩大规模之后，是不是就可以肆无忌惮地进行扩张和发展？是不是就可以完全按照自己的设想去发展呢？在任正非看来，“活下来”并不仅是企业在初级阶段的重要目标，也是企业获得长远发展的一个基本保证，是企业发展的一个长期目标。

进入高速发展期后，华为成为国内市场和国际市场上不可小觑的一股力量，此时的华为有了一定的资本和外商竞争，再也不用提心吊胆地担心自己会被轻易挤出市场，可是大量管理上的问题却暴露出来，加上进入国际市场所面临的巨大压力，以及IT产业即将到来的寒冬，导致华为压力重重。任正非认为华为在强大起来之后，虽然摆脱了创业之初的困境，在凶险万分的竞争中生存下来了，并成长为世界级别的大企业，可是它所面临的问题一样很多。表面上是发展问题：能发展到哪一步？发展速度怎么样？发展规模如何？本质上还是生存的问题：能够生存多久？

经过30年的发展，如今的华为可以说是整个行业中最具实力和最具影响力的企业之一，它不再像过去那样盲目追求速度。此时的任正非更加看重持久度，持久度也是一种“活下来”的策略，他希望华为可以存活得更久一点，可以走得更远。1998年，任正非发表了《不做昙花一现的英雄》这篇文章，文中就重点提到了稳定和生存的问题。

对于任正非来说，他更希望华为成为一家几十年、上百年的企业，而不是一家昙花一现的巨头企业，所以在华为的体量发展到一定程度，华为的扩张速度不断加大的时候，任正非建议华为暂时放缓速度，要将发展和稳定结合起来，确保华为可以在接下来的竞争环境中长期生存下去。盲目提升发展速度只会破坏企业的稳定性，毕竟高速发展本身就隐藏着许多严重的问题，也会带来很多问题，这一切都会让企业陷入困境。

比如，在号称以科技创新改变世界的硅谷，每年都会兴起大量的新兴公司，这些公司都曾在短时间内取得辉煌的业绩，可是它们都面临一个很大的现实问题：如何将自己的辉煌延续下去，或者说如何确保公司尽可能长时间地生存下去。一个令人感到困惑的现实是，很大一部分新兴公司在几年的时间内就消失了，然后大量的新公司又补充进来。在过去二十几年时间里，这种态势一直都没有改变。

这对华为来说是一个现实的参照，任正非是一个具有忧患意识的企业家，他担心华为的发展在某一天会遭遇严重的下滑，所以他十几年来一直都在思考华为的发展问题。在华为进入世界500强的时候，很多人都替华为感到高兴，可是任正非却忧心忡忡，在他看来，华为进入世界500强，所用的时间比多数企业要短，相比于其他500强企业，华为公司的历史几乎占不到任何一点优势。简单来说，华为只是一个突然爆发并挤进世界500强名单的企业，而缺乏其他企业的那种历史底蕴。

任正非对所有华为人提出了自己的疑问，华为现在风光无限，成为行业先驱，从内部的人力资源管理、财务管理、组织构成，到股份制度、营销模式，也都成为其他企业模仿的对象，可是这种辉煌究竟能够延续多久？60年之后华为会不会还存在？100年后的华为会不会还是500强企业？他曾从公司内部拿到一份统计资料，发现中国中小企业的平均寿命只有短短的2.5年，中国集团企业的平均寿命也不过7~8年。而一个鲜明的对比是：欧美企业的平均寿命为40年，日本企业的平均寿命更是达到了58年。此外，日本一共有2万多家企业超过150年的发展历史。这些企业如今并不全部都是跨国大企业，但这些企业的确活得比谁都更久。而中国超过150年发展历史的老字号企业一共只有5家。

有很多中国企业曾经有过短暂的辉煌，但是延续性太差，它们中的绝大多数只重视发展，而没能更好地存活下去，任正非不想华为也成为这些企业中的一员。

正因为如此，当大家都在为华为的发展高唱赞歌的时候，任正非仍旧在低调地表示华为需要让自己活下去："我并不指望企业业务迅猛地发展，你们提口号要超谁超谁，我不感兴趣。我觉得谁也不需要超，就是要超过自己的肚皮，一定要吃饱，你现在连肚皮都没有吃饱，怎么超越别人？我认为企业业务不需要追求立刻做大做强，还是要做扎实，赚到钱，谁活到最后，谁活得最好。华为在这个世界上并不是什么了不起的公司，其实就是我们坚持活下来，别人死了，我们就强大了。"

此外，他还经常对员工说："什么叫成功？是像日本那些企业那样，经历九死一生还能好好地活着，这才是真正的成功。华为没有成功，只是在成长。"这就是华为独特的生存理念，而恰恰是这样的理念能够支撑着华为走好未来的每一步路。

如今，华为提出"以客户为中心，以奋斗者为本，长期艰苦奋斗，坚持自我批判"的核心价值观，坚持优化内部的结构和管理，坚持走创新的道路，坚持把握新时代的发展方向，所有的一切都是为了保证能够在未来的环境中生存下去。

2. 关于43岁

有关华为的话题，其中有一半都应该属于任正非，或者说与任正非挂钩。好比柳传志是联想集团的图腾，张瑞敏是海尔集团的代言人一样，任正非就是华为的教父，在讨论华为的发展与成功时，任正非绝对是一个绕不开的名字，可以说华为的一切都与他息息相关。

如果我们把时间调回到30年前，调回到华为起步的地方，也许就可以更好地明白任正非与华为之间的关系。尽管多数资料上都会轻描淡写地写下这样一句话："1987年，任正非创立了华为。"但这句话中所包含的意思远远超出了文本所能包含的内容。

1987年，任正非43岁。43岁，对于一个男人来说，已经进入不惑之年，激情与冲动慢慢消退，更多的是迎来人近中年的困惑和仓促。任正非也不例外。当时一无所有的他正在思考未来的生活，也许他也曾数次在略显冷清的街头徘徊，也许也曾对自己的人生不止一次产生各种期待。

任正非曾经说过自己创办华为带有很大的偶然性，因为不知道自己要做什么，于是就选择了创办华为。这样的解释显示出了任正非当时的心态和处境，可以说他当时或许并没有一种强烈的愿望和一个非常明确的方向，但他也并非完全是在恍惚中下的决心。

把任正非和华为置于大环境下来看，也许就可以更好地了解华为出现的原因。当时政府为了解决大规模的知识青年回城后的工作安排问题，号召他们进行创业。20世纪80年代处于创业的第一个井喷阶段，在那个年代，一大批优秀企业应运而生，仅仅是在1984年，就诞生了包括万科、海尔、联想、四通、科龙、健力宝、上海大众在内的数家优秀企业。

此外，深圳在当时是创业者的乐土，因为它毗邻香港，交通便利，经济发达，风景优美，在利用外资发展经济方面，具有得天独厚的条件。国家在1980年决定将深圳建成一个以发展工业为重点的工、商、农、住宅、旅游等多种行业的综合性特区，这极大地释放出了深圳的发展潜力。1984年1月，邓小平同志第一次南方视察，深圳就是当时观察的目的地之一，邓小平同志对于深圳的发展给予了肯定，并为深圳经济特区题词："深圳的发展和经验证明，我们建立经济特区的政策是正确的。"

这一次南方视察显然为深圳的崛起注入了新的力量，在那之后的几年时间里，很多人开始在深圳投资创业，而良好的创业环境和创业势头，在某种程度上影响了43岁的任正非，在这样的潮流中，对于一个有想法、有斗志的人来说很难做到无动于衷。

如果说良好的环境为任正非的创业带来了动力，那么任正非本身的性格和特质则决定了他在华为上乐于下赌注。也许"下赌注"的说法有些不适合，但是考虑到他之前破碎的婚姻以及不顺的工作，可以想象得到，创办华为也许是那时候能够做出的最好选择，毕竟他当时已经站在了人生的岔路口上。

对于一个几乎被逼上绝路的43岁的男人来说，他所能做的选择并不多，成立华为成为一种必然。如果拿任正非和其他优秀的企业家进行对比，就可以很好地印证这一点。张瑞敏接任青岛电冰箱总厂厂长（后来被他改名为海尔集团）时，35岁；柳传志在创办北京计算机新技术发展公司（联想集团前身）时，40岁；王石在1984年组建了现代科教仪器展销中心（后更名为万科），当时只有33岁；马云创立中国黄页时是31岁，创立阿里巴巴的时候是35岁。其中除了柳传志年龄稍大一点之外，其余几个人在创立自己的品牌时年纪都差不多大。

这些人在成立公司之前都有过丰富的社会阅历，他们都对生活有了更为深刻的认识，在创业方面往往也更加理性。此外，他们的人格魅力也在这一阶段慢慢定型，这就意味着他们可以将自己的人格融入到企业之中去，并烙上鲜明的个人印记。但是与任正非不一样的是，他们更加年轻，即便不做这一行，也可以转行做其他东西，而任正非不行，他已经没有多少退路和选择的余地了。

作为一家民营企业，华为公司表现出了一些独特的气质。任正非创业的过程非常艰辛，各种各样的困难都在阻碍他往前走。为了生存和发展，任正非比任何人都要谨慎，也都要顽强。面对最初鱼龙混杂的市场，任正非只扔下一句话："我没有远大的理想，我只想这几年如何活下去。"而在面对无法解决的难题时，任正非仍然会有一种无力感。过大的压力让他难以自控，有一次，他与员工谈到了工作压力的问题："我理解了，社会上那些承受不了的高管，为什么选择自杀。问题集中到你这一点，你不拿主意就无法运行，把你聚焦在太阳下烤，你才知道CEO不好当。每天十多个小时以上的工作，仍然是一头雾水，衣服皱巴巴的，内外矛盾交集。2002年，公司差点崩溃了。IT泡沫破灭，公司内外矛盾交集，我却无力控制这个公司，有半年时间都做噩梦，梦醒时常常哭。”

任正非对于当年经历的困难所谈甚少，但他经历的却不少。华为历史上发生的重要事件，都有他忙碌的身影，每一件都关系到华为的未来。身处这些难题中，任正非的身体和精神都遭受着折磨，但他仍旧没有放弃华为。他坚持华为的梦想如同珍视自己的生命，不达目的誓不罢休。

在历经世事之后，他变得更加执着，更加顽强，从来不会轻易屈服。哪怕是在最艰难的时候，他也咬牙坚持下去。孟子说：“天将降大任于斯人也，必先苦其心志，劳其筋骨，饿其体肤，空乏其身，行拂乱其所为，所以动心忍性，曾益其所不能。”在一个承受了诸多苦难的年纪里，任正非养成了一个企业家该有的坚韧，而这也成为提升华为韧性的关键要素。实际上，当初和任正非一同创业的企业家有很多，和华为一样主攻通信设备制造的企业也有很多，但是最终只有华为生存下来，其他企业在局势变坏、困难增加的时候都没能坚持下去。

任正非身上有一股狠劲，一种狼性。他是军人出身，非常注重纪律、团队合作、执行效率，在任何时候，在任何困难面前，他都会勇往直前，而且一个43岁的人该有的自我约束和团队意识全部被他运用到企业文化和企业管理当中去。华为公司多年来以“狼性文化”作为企业文化的标签，培养了一支极具战斗力和竞争力的队伍，当华为公司的发展进入正轨后，就开始以惊人的速度拓展市场，结果被人惊呼为“狼来了”。可以说，在过去的30年时间里，华为能够快速占领市场，并将竞争对手一个个甩在身后，最重要的就是狼性文化。

这个43岁才开始创业的中年人，对待敌人一直像狼一样紧追猛打，在管理上也以严格著称。华为前副总裁李玉琢曾在书中披露：“任正非的脾气很坏，是我见过最暴躁的人，我常看到一些干部被他骂得狗血喷头（高级干部尤甚）。有一天晚上，我陪他见一位电信局局长，吃饭到9点。在回来的路上我问他回公司还是回家，他说回公司，有干部正在准备第二天的汇报提纲。我陪他一起回了公司。到了会议室，他拿起几个副总裁准备的稿子，看了没两行，‘啪’的一声扔到地上：‘你们都写了些什么玩意儿！’于是骂了起来，后来把鞋脱了下来，光着脚，在地上走来走去，边走边骂，足足骂了半个小时。”

还有一次，在干部会议上，他对财务总监说：“你的长进非常大，从特别差变成比较差！”任正非的“狠”在管理上非常明显，面对问题他会不停地施压，让人畏惧，但正是在这种高压下，华为内部的运作才井然有序。需要注意的是，任正非的火暴脾气只针对那些高层管理者，其实在客户面前，他是最温和谦卑的人，在面对员工的时候，他又是一个工作和生活上的心灵导师，一个富有人性化的领导者。

在43岁的年纪，任正非既锐利严格，又低调沉稳。这些看似矛盾而又鲜明的气质让任正非看上去有些另类，他与任志强、潘石屹等人相比，没有那么高的知名度；与史玉柱、牛根生等人相比，他更接地气，没有高高在上的王者之姿；与马云、柳传志等人相比，他并没有那么激进。在43岁的年纪，他特立独行地按照自我的行事规则发展壮大华为，让华为在众多龙头企业中脱颖而出，显现出一股质朴勤奋的气质，也与消费者离得更近。

可以说，从43岁那一年开始，任正非就显示出了领导者的特质，在混乱和艰难中指点江山，挥斥方遒，而无论遭遇什么，他和华为都“身在黑暗，心怀光明，梦想不灭，努力前行”。而正是这般独特的气质和行事风格，让华为改头换面，从小作坊摇身一变成为最具活力、最具竞争力的跨国公司之一。

3. 低调的本质

如今，无论是传统的企业，还是互联网或者互联网+的企业，都存在一种现象，那就是尽量利用信息时代的便利进行宣传，所以企业越来越靠近媒体，越来越加强与公众的互动，企业家们也纷纷出来亮相。企业圈子内的网红经济越来越发达，这是竞争体制下发展的必然，但即便如此，也总是有一些另类的企业与时代潮流格格不入。

在20世纪90年代，中关村四通公司的一位名叫李玉琢的副总裁打算跳槽，四通公司的总裁问他："你准备到哪里去呢？"李玉琢说："是去华为。"总裁惊诧地说："华为？没听说过，没什么名气吧？"而实情是那时的华为已经研发出了属于自己的交换机，而且在市场上获得了很大的反响。但即便如此，很多人对它依然知之甚少。

如今的华为已经成为国产品牌中最耀眼的明星之一，作为一家没有上市就已经在全球500强的企业中名列前茅的企业，华为的曝光度与真实实力毫不相符。如果让我们选择中国最低调的企业，那么华为绝对可以排在前几位。作为如今中国最成功的民营企业，华为无论在国内市场还是国际市场都具备强大的竞争力，在通信行业中，它的影响力几乎无处不在，但偏偏人们对它知之甚少。主要一个原因就在于，华为平时很少出现在媒体面前，对于外人来说，想要真正了解华为往往非常困难。

更多时候，华为更愿意隐藏自己，更愿意踏踏实实地前进，它的身上体现了中华民族那种内敛、低调、勤奋、有韧性的特质。其实，作为公司的创始人和掌舵人的任正非，本身就是一个不喜欢暴露在聚光灯下的人，也很少接受媒体的采访。他当过兵，接受过最严格的训练和最艰苦的劳动，从而养成了隐忍不发、低调踏实的个性，而这一切都被他注入到华为的企业文化当中去。

据说他曾向华为的高层下过命令："除非重要客户或者合作伙伴，其他活动一律免谈，谁来游说我就撤谁的职。"这样一种防御姿态让很多试图亲近和了解华为的人感到无奈。任正非并非自命清高，也并非看不起媒体，他曾经谦逊地表示："我为什么不见媒体？因为我有自知之明。见媒体说什么？说好恐怕言过其实；说不好别人又不相信，甚至还认为虚伪，只好不见为好。因此，我才耐得住寂寞，甘于平淡。我知道自己的缺点并不比优点少，并不是所谓的刻意低调……媒体记者总喜欢将成绩扣到企业老总一个人头上，不然不生动，以虚拟的方法塑造一个虚化的人。我不认为自己像外界传说的那样有影响力，但是很敬业、无私、能团结人。这些年华为有一点成绩，是在全体员工的团结努力，以及在核心管理团队的集体领导下取得的。只是整个管理团队也很谦虚，于是就把一些荣誉加到了我的头上，其实难副。"

这就是任正非的处事规则，也是华为人的处事方式。有人曾经做了一个调查统计，在百度网页上输入 "任正非"三个字，大约会出现3550000条网页链接，会出现5400多张他的相片；如果输入海尔集团首席执行官“张瑞敏”的名字时，就会出现4120000条网页链接，并出现11900张张瑞敏的相片；输入联想教父“柳传志”的名字时，会出现6120000条网页链接，出现19500张他的相片。以上这三位都是中国企业界最出色的人物，无论身份、能力、地位都不相上下，但是如果直观地进行对比，就会发现任正非在网络上的曝光度显得“低人一等”。

正因为很少在公众面前露面，正因为很少参加什么社会活动，以至于当任正非深夜下飞机打出租车被人偷拍的图片发到网上后，在网上引发了激烈的讨论，这位深居简出的掌门人几乎在一夜间就成为新一代企业家网红。而与之相对应的是，马云和王健林已经在公众面前高调亮相多年，两个人在首富位置上的轮流坐庄也招来了大众的关注。

2005年，美国《时代》周刊将任正非列入“影响世界的100位名人”，他也是唯一获此荣誉的中国企业家，评委们给出了这样的评价：“任正非是一个很少出现在公众视野中的人物，却是国际上最受人尊敬的中国企业家。” 2008年，《中国企业家》杂志评选“2008年度中国最具影响力企业领袖终身成就奖”，任正非与许多行业顶尖人士获此荣誉，中国企业家杂志社社长刘东华评价他：“任正非几乎是中国最有静气和最有定力的一位企业家。”2010年，著名财经杂志《福布斯》发布“最受国际尊敬的中国企业家”年度人物榜，任正非位列第一；2011年3月，美国《财富》杂志公布了中国最具影响力的50位商界领袖名单，任正非在其中名列首位。

现如今，有很多人都认为一个企业家的使命是提升企业的形象，并且做好企业的宣传工作，但任正非却甘当一个异类，他并不喜欢过度地将自己和企业曝光，对他来说，这样做并非刻意维持神秘感，而是担心一旦华为过度地开放，会引起不必要的麻烦。

他在内部会议上的一番谈话就表现出了这样的想法：“对待媒体的态度，希望全体员工都要低调，因为我们不是上市公司，所以我们不需要公示社会。我们主要是对政府负责任，对企业的有效运行负责任。对政府负责任就是遵纪守法，我们去年交给国家的增值税、所得税是18个亿，关税是9个亿，加起来一共是27个亿。估计我们今年在税收方面再增加百分之七八十，可能要给国家交到40多个亿。我们已经对社会负责了。媒体有他们自己的运作规律，我们不要去参与，我们有的员工到网上辩论，是帮公司的倒忙。”

在这里，任正非提到了两点，第一点是华为没有必要在媒体面前高调地展示自己，只要做好自己的本职工作即可，过多的媒体渲染可能会影响企业的正常发展；第二点是华为并不是上市公司，有权保持沉默和低调，而提到上市问题，这也是华为公司备受争议的地方。

相比于很多企业高调上市，作为世界500强的企业，华为至今仍然没有上市，这一点的确让人感到惊讶。当人们一再询问华为什么时候会上市时，公司的轮值CEO郭平打趣地说“在1000年以后”。很明显，任正非并不希望公司的发展受到一些虚拟经济和虚拟价值的影响，对于做实业的人来说，踏踏实实地工作始终是摆放在第一位的。最近10年来，中国有大量的企业选择上市或者进入新三板，但是很多企业最终都陷入了发展的困境，因为在面对更大的资本诱惑时，这些公司往往陷入了“圈钱”的魔咒中，并没有将全部精力放在企业发展和扩张上。

当然，上市只是其中一个必须防备的问题，管理学家彼得·杜拉克曾说：“某家公司一定能长期经营下去这是不可能的。相反，存在着这样一个规律，人类创造的任何东西终有一天都是要消亡的。”华为在某一天也会消亡，但在那之前，任正非希望它能够走得更远一些。所以脚踏实地的作风和危机意识是必要的。

考虑到当时残酷的外部环境，保持低调和神秘恰恰符合华为公司自我保护的需要，毕竟华为公司是从一个毫无竞争力的小作坊一步步壮大起来的，如果不能低调前行，那么在20世纪90年代，它就难以在激烈竞争的环境中生存下去，更没有任何扩张的资本。

任正非曾经对员工说过一句颇有意味的话："当台风来的时候，什么措施最保险？不是站得高、挺得直，而是趴下，尽量低一些，再低一些，才能不被吹倒！我们不知道什么时候会来大风，所以，我们一直要尽量低一些。"

在困难时期，华为人一直保持低姿态，尽量避免与竞争对手发生直接的冲突，一些最苦最难、环境最糟糕、利润最薄弱的地方，往往是华为公司专注的焦点，毕竟只有这样，华为才能把握住生存的空间。在高速扩张和繁荣时期，任正非也不断提醒员工要注意低调行事，他认为华为如今还不算是一个成功的企业，因为一个成功的企业需要经历各种各样的挫折，需要浴火重生，但是华为目前并没有遭遇太大的挫折。

所以当华为第一次入选世界500强时，公司内部显得非常平静，当天一位高管走进会议室宣布了这个消息："告诉大家一个消息，公司进入世界500强了。"语气平静得就像在发布一个无关痛痒的通知，没有人欢呼，没有人为此感到兴奋。换成是其他的公司，也许应该买几瓶香槟或者准备一次晚会来庆祝一下，可是华为的办公室里一切照旧，大家听完这句话后，微微点了点头，各自忙着工作去了。

整个办公室平静得令人难以置信，而当一个企业可以做到如此镇定和低调的时候，它的发展必定更加沉稳。如今的华为虽然顶着世界第一大通信设备制造商的头衔，但是仍旧保持着低调的本色，仍旧在磨炼那种成功企业才具备的商业特质。

人们常常疑惑为什么只有华为在通信领域获得了这样大的成功，事实上，也只有华为能够获得成功。

4. 商界偏执狂

凡是了解任正非的人都知道，他是个偏执的人。这位商界偏执狂，为他自己和华为缔造了许多传奇。能够用2万元成就如今的千亿企业，没有一点霸道和强硬是不能做到的。任正非有句话彰显着他自己的处事风格——“惶者才能生存，偏执才能成功。”在他的带领下，华为在产品上近乎偏执。

平日里，任正非是个好说话的领导，要设备、要人才、要资金，凡是正当理由，利于华为的，他都会答应。但关系华为未来发展的事情，甚至有可能危害华为利益的决定，他就会严苛到有些不近人情。

军人出身的任正非一直是一个这样的人，做人很有原则性，执行意识非常强，遇事不会轻易放弃。而在面对诱惑之时，他也能够抛开杂念，坚持本心。正因为如此，他才能够确保华为在漫漫前路中始终保持正确的方向。

在华为创立初期，他为了拿下边疆电信局的交换机业务，“千里走单骑”，独自一人固执地穿着旧衣背着旧书包，到遥远的边疆，敲开了当地电信局办公室的大门，给他们带去了华为的产品。在俄罗斯市场上，连续6年都没有打开市场，他却坚持让营销人员守在市场上等待机会。这种坚持和偏执让任正非显得有些另类，但这也是他获得成功的原因，是华为能够在短时间内于众多小厂商中脱颖而出的重要原因。

有一组数据很能说明问题，在华为发展初期，面对的竞争对手达400多家，而如今的华为已经成为世界上最大的通信设备制造商，这种进步恰恰在于任正非的偏执，毕竟如果一开始华为就放弃了努力，或者在奋斗过程中有所放松，哪怕只有一次，华为也不可能取得今天的进步。

任正非的偏执主要体现在对华为的坚持，对通信产业的坚持。有一次，阿尔卡特董事长瑟奇·谢瑞克在自家的葡萄酒庄园接待任正非，两个人一边品尝红酒，一边享受着波尔多（法国小镇）夏日的风情。两杯红酒过后，瑟奇·谢瑞克先生突然严肃地说道：“我一生投资了两个企业，一个是阿尔斯通，一个是阿尔卡特。阿尔斯通是做核电的，经营核电企业要稳定得多，无非是煤、电、铀，技术变化不大，竞争也不激烈；但通信行业太残酷了，你根本无法预测明天会发生什么，下个月会发生什么……”

通信产业对技术要求非常高，而且技术更新速度比其他产业都要快，这就决定了这一行业的竞争比其他行业更加激烈，可是任正非却偏偏选择接受最大的挑战。不仅如此，任正非一做就是二三十年，这期间从未想过做其他的事。正如任正非在2015年所说的那样：“华为坚定不移28年只对准通信领域这个‘城墙口’冲锋。我们成长起来后，坚持只做一件事，在一个方面做大。华为只有几十人的时候就对着一个‘城墙口’进攻，几百人、几万人的时候也是对着这个‘城墙口’进攻，现在十几万人还是对着这个‘城墙口’冲锋。密集炮火，饱和攻击。每年1000多亿元的‘弹药量’炮轰这个‘城墙口’，研发近600亿元，市场服务500亿元到600亿元，最终在大数据传送上我们领先了世界。”

自从20世纪90年代开始，多元化发展几乎成为一个最火爆的经济词汇，也就是从那个时候起，日益灵活的市场经济以及日益开放的市场，激活了企业投资的欲望和潜能，很多企业因此开启了多元化战略的发展模式，企业不仅大力发展主营业务，还要兼顾投资一些与主营业务毫无关联的产业。生产线的盲目扩张在一定程度上刺激了企业的快速扩张和发展，可是华为却始终将精力集中在一项业务上，这在当时算得上是一个异类。

任正非特别崇尚日本企业的工匠精神，他觉得华为也应该像那些日本企业一样，几十年只做一项工作，这样才能将工作越做越精。华为也应该拥有自己的工匠精神，也应该坚持在一条道路上走上几十年甚至一百年。世界上最成功的企业往往都不是靠多元化战略来生存的，可口可乐一直以来都在卖可乐，肯德基一直都在做快餐，这些企业多年来一直都在坚持某一项业务，偏执带来了最终的成功。

华为其实有过很多发展的机会，股票、房地产都曾有过发展的高速期，当时的华为完全有能力在资本市场获得成功。从20世纪90年代末期到本世纪初，有很多同行企业因为不堪忍受通信行业的巨大竞争压力，纷纷选择跳出这个行业，而投身到挣钱更快的地产行业和股市中，可是任正非根本没有动心。

华为公司的大楼下曾经有一个股票交易所，这里每天都挤满了大量的投资者和投机者，大家都想着能够在股市里一夜成为百万富翁、千万富翁以及亿万富翁。可是华为人几乎从来没有人下去看看，任正非也不允许员工出入这样的场合。他并非抗拒这一类资本游戏，而是不希望自己的本职工作受到干扰。

近年来，“互联网经济”或者“互联网+”之类的概念炒得火热，很多企业都纷纷将资本投入到互联网行业，而且无论做什么都不由自主地提出一些互联网口号。有人建议任正非也进军互联网去投资，但他直接拒绝了。对他来说，互联网只是一个技术工具，华为想要发展云计算和云服务，想要发展智能化产业，也许需要互联网的帮忙，但是投资互联网经济并不在华为的考虑范围之内。对任正非来说，华为所要坚持的就是通信领域的实体经济，华为不会投资那些虚无缥缈的概念化产品，而且他对互联网投资产生的泡沫非常担忧。

另外，任正非最担心的问题是内部队伍的腐化和退化，由于待遇越来越高，很多员工可能会受不了相对枯燥的工作，他们会追求享受，会经受不住外界的诱惑。有一次，一个记者问任正非：“华为有没有弱点？”任正非想了想，非常诚恳地回答：“有。华为公司三年前应该快垮了。为什么？因为大家有钱了，怕苦了。我们往海外派人都派不出去。大家都想在北京买房、陪小孩，都想在好地方待。”这是任正非第一次在公共场合表达自己的担忧，而在公司内部，他一直都在关注和强调这个问题。作为一个偏执狂，他可以几十年如一日地坚持自己的事业，可是员工们是否也能够这样坚持下去呢？

任正非希望员工可以和自己一样，抵制外界的诱惑，沉下心来继续做事业，脚踏实地地做好自己的工作，带领华为一步步往前走。如今的华为成为通信行业内的龙头，但是它所面临的压力越来越大，由于新技术的变更越来越快，华为的发展压力越来越大，这对任正非和所有华为人来说都是巨大的考验，能否继续在通信和IT产业中坚持下去，直接关系着华为的发展态势。

值得庆幸的是，虽然足够偏执，但任正非如今变得更加淡定，他不止一次说过："以前的时候特别害怕失去，不管是物质还是感情，后来经历得多了，钱没过，也被人孤立和离弃过，渐渐地学会了独撑和豁达。如今再也不担心谁会走，再也不担心会变穷，因为知道失去的自己依然可以再挣回来。对自己有信心，就是最大的安全感，无须外物来证实和陪衬。"有了这一份恬淡的心境，再加上对工作的坚持，华为的未来仍会是一片光明。

后 记

生存、赶超与变革

在短短的30年时间里，华为从一个名不见经传的小作坊成长为通信行业的领头羊，当它迈着大步伐在国际舞台上开疆拓土的时候，引起了西方世界的一片惊呼。《经济学人》称它是“欧美跨国公司的灾难”，《时代》杂志称它是“所有电信产业巨头最危险的竞争对手”，爱立信全球总裁卫翰思说：“它是我们最尊敬的敌人。”思科执行长钱伯斯在回答《华尔街日报》提问的时候说：“25年前我就知道我们最强的对手一定来自中国。”

前后差距如此之大，证明了华为的发展之路走得多么艰辛，但最重要的是，这种变化显示出了华为人一直都在坚持做的事情：生存、赶超和变革。这既是华为坚守的原则，也体现出了它发展的几个不同阶段。

首先是生存阶段，这主要是指1987年创业到1995年C&C08数字程控交换机成功推向市场之前。在这一段时期内，华为的生存环境比较恶劣，竞争压力非常大。当时，国际电信巨头大部分已经进入中国，而且盘踞在各个省市多年，它们拥有雄厚的财力和先进的技术；一些合资企业也纷纷成立，它们依靠着国内市场上的关系网络来拓展业务；国内新兴企业为了眼前的利润纷纷进行价格战。作为一家无资金、无技术、无资源、无背景的民营企业，华为遭到西方巨头的压榨以及合资企业的排挤，不具备任何生存优势，因此任正非对公司的唯一要求就是存活下来。

这也是20世纪80年代一大批民营企业所面临的共同困局，它们在改革开放中迎来了发展的机遇，但是竞争上的劣势让它们举步维艰。对那些民营企业来说，只要能够在竞争中生存下来，只要在困难中坚持下来，这就是一种成功。在那样一个国家鼓励知识青年创业的时代，浪漫主义与激情最终还是回归理性，把握好现实环境，一切从现实出发，成为创业者当时首要考虑的问题。

为了解决问题，华为不得不想办法招揽人才、吸引资金，并推行了内部员工融资持股计划，这个计划使得公司与员工形成了利益共同体，一下子解决了资金和人才问题。当员工拥有大量股权的时候，为了拿到更多的分红，他们必定会全力以赴地投入到研发和生产当中去。这是在特定的历史环境和竞争环境下采取的措施，虽然具有一定的局限性和风险，但是对华为的发展产生了深远的影响。

其次是赶超阶段，即1996年到2004年，这是华为高速扩张的时期，也被称为“二次创业阶段”，华为不仅占领了国内市场，成为国内最具竞争力的通信设备制造商，而且开始加快步伐进军国际市场。在这一阶段，华为将目光瞄准那些国际巨头公司，开始想办法赶超它们。由于进军国际市场，华为面临的压力非常大，而高速扩张让管理滞后的问题凸显出来，这也是困难最大的时期。比如在2002年、2003年，华为维持多年的高速发展势头被中止，业绩开始下滑，向来乐观积极的任正非患上了抑郁症，也正是在这一阶段，华为努力让自己变得更加强大，包括人力资源系统、管理体系、流程体系，都是在这八年时间里逐步完善的。

在1998年的讲话《由必然王国到自由王国》中，任正非强调："要用10年的时间使各项工作与国际接轨。它的特点是要淡化企业家的个人色彩，强化职业化管理。把人格魅力、牵引精神、个人推动力变成一种氛围，使它形成一个场，以推动和导向企业的正确发展。"在那之后，人力资源改革和管理体系的改革成为一种必然，华为也确定了"以客户为中心"以及"以奋斗者为本，长期坚持艰苦奋斗"的核心价值观。

最后是变革阶段，这里可以分为两个部分，首先是2005年到2010年的商业模式变革期。在这一阶段，华为不再是简单地卖通信设备，而是努力变成电信解决方案供应商。所以华为不得不转变思路，将原先的竞争关系转变成竞争合作关系，同时确保整个组织能够面向客户。

2009年4月24日，任正非在运作与交付体系奋斗表彰大会上发表了《深淘滩，低作堰》的演讲，并提到"深淘滩，就是不断地挖掘内部潜力，降低运作成本，为客户提供更有价值的服务；低作堰，就是节制自己的贪欲，自己留存的利润低一些，多一些让利给客户，以及善待上游供应商"。华为公司开始注重打造价值链的优势，降低企业的竞争成本和发展成本。

其次是2011年到现在，这是华为的组织转型期，公司开始追求云管端一体化（云网一体化），在很多时候，这一阶段也被认为是华为的第四个发展阶段。其发展的背景在于，随着信息技术的发展，世界正逐渐进入到大数据时代和云计算时代，大数据业务带来了指数级的流量增长，而且数据的集中让80%的业务流量集中到了数据中心，加上服务器集群计算和虚拟机迁移等业务的应用，产生了海量的横向交互数据，这些对数据中心网络交换提出了更高的要求。

华为公司着力打造云端一体化，帮助客户快速适应未来的各种云业务变化，为客户构筑弹性、虚拟、开放的云数据中心网络，从而支持企业云业务长期发展。云端一体化的解决方案真正实现了以业务为中心，让网络为业务服务。

总体上来说，华为是从艰难的环境中生存下来的，然后以赶超那些强大的竞争对手为发展动力，以变革为手段和目标，继续强化自己的实力。在不同的阶段，华为展示出了不同的策略，体现出了不同的发展模式，这些模式体现出了华为公司的发展状况，同时也间接地表现了同一时期中国经济以及中国企业的发展状况。如果对华为的发展轨迹进行深入剖析，就会发现它恰恰是过去30年中国经济发展的一面镜子，是中国经济发展的一个重要符号，华为的生存、赶超与变革，实际上体现的正是中国的生存、赶超与变革。

参考书目

[1] 邢柏.关键的少数：任正非说干部培养[M].吉林：北方妇女儿童出版社，2016.1.

[2] 程东升，刘丽丽.华为三十年[M].贵州：贵州人民出版社，2016.10.

[3] 黄继伟.华为内训[M].北京：中国友谊出版公司，2016.10.

[4] 杨少龙.华为靠什么：任正非创业史与华为成长揭秘[M].北京：中信出版社，2017.4.

[5] 黄继伟.华为管理法[M].北京：中国友谊出版公司，2017.5.